—— 2003～2013 ——
贵州基建考古重要发现

贵州省文物考古研究所　编著

科 学 出 版 社
北 京

内 容 简 介

本书是2003～2013年贵州省文物考古研究所配合基本建设工程的一系列重要考古调查、勘探和发掘成果的集中展示，通过图文并茂的形式介绍这十年来贵州考古工作取得的丰硕成果。本书共分为四章，以时间为轴线，分别介绍了史前时期、商周时期、战国秦汉时期和魏晋至明清时期的重要考古发现。

本书可供历史、考古、文物、博物馆工作者、高校师生等参考阅读。

图书在版编目 (CIP) 数据

2003～2013贵州基建考古重要发现／贵州省文物考古研究所编著.
—北京：科学出版社，2015.11
ISBN 978-7-03-046342-5

Ⅰ.①2⋯ Ⅱ.①贵 ⋯ Ⅲ.①文物－考古发现－贵州省－2003～2013
Ⅳ.①K872.73

中国版本图书馆CIP数据核字（2015）第270049号

责任编辑：柴丽丽／责任校对：钟　洋
责任印制：肖　兴／装帧设计：北京美光制版有限公司

科 学 出 版 社 出版
北京东黄城根北街16号
邮政编码：100717
http://www.sciencep.com

北京华联印刷有限公司 印刷
科学出版社发行　　各地新华书店经销

*

2015年11月第 一 版　　开本：787×1092　1/16
2015年11月第一次印刷　　印张：19 1/4
字数：450 000

定价：298.00元
（如有印装质量问题，我社负责调换〈科印〉）

编辑委员会

序

　　贵州的基本建设考古工作开展较早，至今已逾 60 年。1954 年，时值羊昌河水利工程建设，当时的贵州省博物馆筹备处就派人配合工程建设开展过一次考古调查，并调派干部前往工程建设指挥部宣传文物保护。这种工作方式一直持续到 21 世纪初，文物部门是断断续续地针对一些大型工程建设项目开展田野考古调查、勘探、发掘工作，也取得了一些成果。但受多方面条件制约，基本建设考古工作推进的力度总的来说是比较小的，部分文物在工程建设当中甚至受到不同程度的破坏，这不能不说是一个历史的遗憾。

　　贵州基本建设考古工作的全面开展应该说是始于 21 世纪初。当时正值中央提出西部大开发战略，大量建设工程如水电站、火电厂、高速公路、铁路、输变电、输油管线、水利工程以及房地产、工业园区等项目如雨后春笋般兴起。给贵州的基本建设考古带来了机遇，同时也带来了挑战，走到今天，经过了一个艰难又欣慰的历程。

　　一是工作局面的艰辛开创和保护意识的不断提升。虽然在以前的建设工程中有所涉及文物保护和田野考古的情况，但应该说都是应对性的，一般是在建设中有遇到文物的情况后，才通知文物部门的工作人员如同消防员般奔赴现场扑火，实际上已经对文物造成了不同程度的破坏，这种扑火般的工作已经不能满足文物保护的需要，于是，基本建设考古提上了议事日程。面对这种新型工作，首先，是要求文物保护部门自身的理念创新，要求对传统工作思路、方式和方法进行转变；其次，是对项目的建设、管理、审批等部门反复开展《中华人民共和国文物保护法》的宣传。经过不懈的努力，文物保护的法律意识不断提高，文物保护的重要性和必要性逐渐得到认同，贵州的基本建设考古工作逐渐走上了正轨。

　　二是深入地推动了贵州考古的发展。随着大量的抢救性田野考古调查和发掘项目启动，使得大量具有重要历史价值的遗迹遗物被发现并被发掘出来。由于基建工程具有点、线、面分布的特性，我们的田野考古工作也是按点、线、面铺开，通过逐年的积累，逐渐建立起了乌江、红水河、南北盘江、清水江、锦江等流域以及滇东黔西、黔中地区等区域考古学文化的发展序列和谱系。如，2003 年为配合贵开（贵阳至开阳）二级公路建设调查发现并发掘的开阳哨上打儿窝遗址，将贵阳市的历史向前推进了 2 万年；2004～2011 年为配合清水江梯级电站开发建设，经过数年的调查和发掘，于清水江流域揭露出自旧石器时代，历经新石器时代、商周、战国秦汉，直至宋元明清时期各类遗存 20 余处，填补了黔东地区考古学文化序列的历史空白；2003～2008 年，为配合乌江流域彭水电站开发建设，经过 5 年多持续不断的考古调查和发掘，出土不同时期的各类文物标本数千件。基本上厘清了乌江中下游地区自新石器时代以来各个时期考古学文化的基本面貌。2005～2008 年，为配合北盘江、红水河梯级电站的开发建设，我们相继在这一流域开展了大量的考古调查、勘探和发掘，获取了一批重要的考古学材料，这不仅丰富了我们对这一流域考古学文化的认识，同时还厘清了其与周边地区，特别是两广地区的文化交流与互动。通过这么多年来的不断努力，铢积寸累，一方面我们基本建立起了贵州乌江、清水江、北盘江、红水河等流域的考古学文化序列；另一方面，通过对资料的整理和研究，基本梳理出了贵州几大流域的考古学文化区域类型。

三是推动全省文化的大发展大繁荣，有效地扩大了贵州文化的影响力。全省基本建设考古工作致力于文化强省的目标逐一开展，特别是在中共贵州省委十届十二次全会上通过《中共贵州省委关于贯彻党的十七届六中全会精神推动多民族文化大发展大繁荣的意见》后，我们的工作涉及历史和民族等各个领域。自 1990 年"全国十大考古新发现"评选伊始，贵州有盘县大洞、赫章可乐、威宁中水、遵义海龙囤、遵义杨氏土司墓地等考古发掘项目相继获"全国十大考古新发现"的殊荣；在国家文物局 2012年公布的《中国世界文化遗产预备名单》中，贵州就有遵义海龙囤、万山汞矿遗址、苗族村寨和侗族村寨共 4 项列入（列入数量居全国第 2 位）；赫章可乐遗址列入国家100 个大遗址名单，等等。一张张文化名片在考古工作的推动下落户贵州，切实增强了对外宣传和国际交流的文化水平，不断树立贵州的文化品牌和特有的人文形象，有效地扩大了贵州文化的影响力。

四是及时抢救保护了一大批文物。在相当长的一段时期内，"老少边穷、夜郎自大"一直是贵州给人的印象。其实不然，贵州不仅自然风光秀美、矿产资源丰富、历史文化沉淀同样厚重。通过第三次全国文物普查，贵州省境内共登记不可移动文物 14 852 处，其中有上千处都是在基本建设考古调查时发现的。由于及时制定科学有效的文物保护方案，抢救并保护了一大批文物。同时，随着基本建设考古的深入推进，文物保护的工作范围和内容也不断拓展。最初开展的基本建设考古，主要对象是地下文物如古遗址、古墓葬、古窑址以及地面文物如古建筑等。

五是推进基本建设考古视域下传统村落的保护与发展。贵州具有丰富的村落文化景观资源,传统村落及乡村文化遗产的保护与发展关乎新农村建设和城乡一体化发展。我们长期以来一直致力于传统村落的调查、研究和保护工作,从20世纪80年代的村寨调查到20世纪90年代的生态博物馆建设,到近年的村落文化景观保护、"多民族地区村寨文化建设与社区可持续发展"国家文化创新工程,我们始终将村落文化遗产作为基本建设考古的重要组成部分,积累了丰富的理论和实践经验。为实施全省文化遗产保护"百村计划"提供了有力的科学依据和决策参考。如,2007年3月,在配合厦蓉高速贵州境水口(黔桂界)至都匀段(水口至格龙区间)建设时,把村落文化景观的保护也列入了基本建设考古的内容中。由于设计线路从肇兴、堂安、已伦、纪堂、登江、厦格几个村寨中穿过,势必会破坏这几个民族村寨的景观,于是提出了线路改线绕行的保护方案。最后方案得到了业主方——贵州高速公路开发总公司的认可并实施,工程为此多投资近2亿元,几个村落文化景观的完整性得到了有效保护,是贵州基本建设考古中文化遗产保护的典型成功案例。

基本建设考古是文化遗产保护的一种重要手段。在这十年里,我们为配合基本建设项目的建设,新发现古遗址、古墓葬、古窑址、古碑刻、古建筑等各类历史文化遗产数千处,并对其采取切实有效的保护措施。其中考古调查、勘探、发掘是我们对这些弥足珍贵的历史文化遗产所采取的保护措施中最为直接、也是最为重要的有效手段。通过考古工作,不仅使这些历经千百年来的历史文化遗产免于建设性破坏,更让其发挥遗产价值,为今天的文化建设服务,实现了发展与保护的双赢。

基本建设考古是国民经济发展的历史见证。自新中国成立伊始,许多重量级的考古发现都是为配合基本建设工程取得的。同时,在工程上马动工之前先行开展考古工作,还上升到了法律上的规范和确认。今天,无论省内省外,可以说哪里有重要工程建设,哪里就有考古人的身影。进入21世纪这十年来,是贵州经济发展最快的十年,也是贵州考古硕果累累的十年。

回顾60余年历程,特别是近十年来,在基本建设相关单位的重视、大力支持和配合下,在贵州文博考古界的努力下,贵州基本建设考古发展迅速,日臻成熟,成果丰硕。据不完全统计,近十年来,配合基本建设工程调查发现的各类历史文化遗存千余处,考古发掘出土各类文物近万件,整理出版基本建设考古报告、简报数十篇,文物得以及时修缮和妥善处理,极大地促进了我省文博考古事业的发展。贵州省文物考古研究所将这些年的重要基本建设考古项目拣选汇编成册,是对这些年工作的一次系统梳理,更是一次对文化遗产保护及基本建设考古工作及成果的宣传展示!

十年来,贵州的基本建设考古虽然取得了重要的成果,但我们仍需要不断地夯实基础，明确今后工作的重点和目标，力争在贵州旧石器时代晚期文化的研究、史前文化的谱系建立、夜郎文化的考古学观察、土司考古、民族考古等诸方面取得更大的突破。

文化遗产，是中华民族五千年灿烂文明的物质载体，是祖先留给我们的巨大精神和物质财富，保护好这些弥足珍贵的文化遗产，不仅是文物部门，更是全社会的共同责任，是全社会的共同事业。回首过去，展望未来，相信有贵州文博考古界同志们一如既往的努力和锐意进取，贵州的基本建设考古工作一定会取得更多、更大、更好的成果。

是为序。

王红光

贵州省文化厅副厅长、省文物局局长

贵州基本建设考古的回顾与展望

　　基本建设考古简称基建考古，是指基本建设工程开工前所进行的考古活动，它是文物保护的一种重要手段，与带有明确学术目的的主动性考古调查、发掘工作不同，这是一项抢救性的文物保护工作。贵州的基建考古工作自 20 世纪 50 年代起，历经风雨，至今已走过 60 年漫长的历程，取得了丰硕的成果，也存在许多不足，对其进行回顾，有利于未来工作的开展。

一、贵州基建考古的历程

（一）第一阶段：启动期（1954～1966 年）

　　1953 年年初，贵州省博物馆筹备委员会正式成立（次年更名为筹备处），随即便在辖区内积极开展考古工作[①]，这对贵州考古而言，是一个历史性的事件。

　　1954 年，羊昌河水利灌溉工程启动，省博物馆筹备处在平坝县境内的羊昌河流域开展考古调查，发现了一批汉代遗存，贵州基建考古的序幕就此拉开。此后在深入调查的基础上，于 1956～1958 年进行了三次考古发掘，清理汉墓 28 座，获取各类珍贵文物 300 余件[②]。不久之后在清镇、平坝交界处的尹关、琊陇坝等地调查发现各类墓葬 300 余座，清理了其中的 140 座，时代涵盖了汉至宋，该项工作可视为羊昌河流域基建考古的延伸[③]。差不多与此同时，1956 年春，在配合川黔铁路修建所进行的考古调查中，于

---

① 1953 年秋调查发现杨粲墓。参见贵州省博物馆：《遵义杨粲墓发掘报告（初稿）》，1965 年 8 月油印本，第 35 页。

② 熊水富：《羊昌河灌溉工程中发现了一批古文物》，《文物参考资料》1956 年第 4 期；贵州省博物馆筹备处：《贵州平坝金家大坪古墓葬清理简报》，《考古通讯》1958 年第 1 期；贵州省博物馆：《贵州清镇平坝汉墓发掘报告》，《考古学报》1959 年第 1 期。

③ 贵州省博物馆：《贵州清镇平坝汉至宋墓发掘简报》，《考古》1961 年第 4 期。

桐梓县境内发现一批宋墓和崖墓，并对其中2座宋墓进行了清理[①]。1960年，为配合猫跳河水利工程，贵州省博物馆在清镇琊陇坝一带进行了历时数月的考古发掘，清理墓葬100多座，其中部分为宋墓[②]。

可以看到，随着新中国的成立，各种水利工程、铁路大规模投入建设，基建考古也得以全面开展。难能可贵的是，在此过程中，文物工作者还不忘保护理念的传播，如羊昌河水利工程推进的过程中，贵州省博物馆筹备处就曾派员"前往工程指挥部配合进行宣传保护文物工作"[③]。从某种意义上说，贵州考古是在基建考古背景下的黔中汉至宋代遗存与黔北宋墓调查、发掘的基础上发展起来的。

（二）第二阶段：缓慢发展期（1966～1990年）

1966～1976年的"文革"十年，国民经济遭受一定程度的破坏，其中1966～1972年，考古工作基本处于停滞状态，1972年后才缓慢恢复。在"文革"结束后的20世纪70年代末20世纪80年代初，贵州考古人激情勃发，赫章可乐、威宁中水、普安铜鼓山等一批战国秦汉时代遗存的发现和发掘，由于其与夜郎的密切关系，引起了学界的广泛关注。但这一时期的贵州考古以主动性的考古工作为主，基建考古开展不多。

这一时期开展的基建考古工作较重要的有清镇干河坝"石棺葬"墓地的发掘、黔西汉墓的清理等。1972年春，配合清镇洗涤剂厂建设，在干河坝清理"石棺葬"84座，系宋明时期的当地少数民族墓葬[④]。同年，配合农田水利建设在黔西清理汉墓10余座[⑤]。1975年，配合乌江水电站的建设，对水淹区内修文、息烽、金沙等县的相关区域进行调查，在金沙县农民公社及后山、息烽县九桩区新阳公社发现新石器时代磨光石器及汉代古墓葬数座和画像石墓、火葬墓。1982年，对兴义天生桥水电站水淹区进行调查，在兴义巴结者安、波那等地征集青铜靴形钺等9件[⑥]。1984年，在务川县城基建过程中发现汉代砖室墓[⑦]。1989年，对乌江彭水电站淹没区进行调查，发现汉墓10余座，窑址5座，并对窑址进行了试掘[⑧]，这是贵州首次发掘的汉代窑址。

① 熊水富：《贵州省最近发现的一些考古资料》，《文物参考资料》1956年第8期；贵州省博物馆发掘组：《贵州桐梓宋墓的清理》，《考古》1958年第2期。

② 贵州省博物馆：《贵州清镇宋墓清理简报》，《文物》1960年第6期。

③ 熊水富：《羊昌河灌溉工程中发现了一批古文物》，《文物参考资料》1956年第4期；贵州省博物馆筹备处：《贵州平坝金家大坪古墓葬清理简报》，《考古通讯》1958年第1期；贵州省博物馆：《贵州清镇平坝汉墓发掘报告》，《考古学报》1959年第1期。

④ 何凤桐、李衍垣：《贵州清镇干河坝石棺葬》，《考古与文物》1982年第3期。

⑤ 贵州省博物馆：《贵州黔西县汉墓发掘简报》，《文物》1972年第11期。

⑥ 刘恩元先生提供。

⑦ 程学忠、朱祥明：《务川县汉砖室墓清理简报》，《贵州文物》1986年第1期。

⑧ 贵州省博物馆考古队：《贵州沿河洪渡汉代窑址试掘》，《考古》1993年第9期。

与 20 世纪 50 年代大规模基础设施建设的推进及随之而来的如火如荼的基建考古工作相比较，这一时期的基建考古项目不多，重要发现也不多，处在缓慢的发展期。

（三）第三阶段：步入正轨期（1990～2000 年）

1982 年 11 月《中华人民共和国文物保护法》颁布实施，使基建考古进入有法可依的历史阶段。1990 年 4 月，国家文物局会同国家计委、财政部等联合颁布《考古调查、勘探、发掘经费预算定额管理办法》，建立起基建考古调查、勘探和发掘的预算依据。1995 年，贵州省文物考古研究所从省博物馆独立。以上事件，在客观上促进了包括基建考古在内的贵州考古事业的发展。

1990 年，配合鸭池河流域东风水电站建设，对水淹区内的织金、黔西等县的相关区域进行调查。这是贵州基建考古历史上首次根据 1982 年《中华人民共和国文物保护法》及 90（248）号文件的相关精神，将文物保护工程"所需费用和劳动力由建设单位列入投资计划和劳动计划"，对基建考古进行取费的项目[①]。此后，1991 年，为配合乌江水电站修建，对黔西化屋基石板墓进行发掘。1992 年 10～12 月，配合南昆铁路建设，对沿线进行考古调查。1995 年，配合内昆铁路建设，对沿线进行考古调查。1996 年 9 月，在贵阳市晒田坝修建安居工程时发现并清理了 6 座明清墓葬，出土的 7 合墓志，是这批墓葬最重要的发现[②]。1998 年 6 月，赤水市在修建截角至复兴公路时，在马鞍山南侧发现 21 座崖墓，随即对之进行抢救性清理[③]。这一时期也曾配合乌江构皮滩水电站、红水河龙滩水电站等建设，对两个流域进行过调查，但未有重要发现。

取费制度在一定程度上促进了基建考古工作的发展，标志着贵州基建考古逐步步入正轨。

（四）第四阶段：高速发展期（2000 年至今）

2000 年 3 月，西部大开发战略开始实施，加速了包括贵州在内的西部地区建设的步伐。2002 年 10 月，经过修订的《中华人民共和国文物保护法》颁布实施，在基建考古取费的表述上，从 1991 年"所需费用和劳动力由建设单位列入投资计划和劳动计划，或者报上级计划部门解决"调整为 2002 年"所需费用由建设单位列入建设工程预算"。这在法律层面明确了基建考古经费的具体来源。西部大开发背景下，"西电东送"项目的实施，贵

---

① 刘恩元先生提供。
② 贵州省文物考古研究所、贵阳市文物管理所：《贵阳市晒田坝基建工地明清墓葬清理简报》，《贵州文物工作》2006 年第 4 期。
③ 贵州省文物考古研究所、赤水市文物管理所：《贵州赤水市复兴马鞍山崖墓》，《考古》2005 年第 9 期。

州洪家渡水电站，乌江渡水电站、彭水电站，清水江流域梯级水电站等工程启动。铁路、公路建设亦进入新阶段。贵州基建考古随之积极开展，打开了一个全新的局面。

2002年春，配合渝怀铁路建设，对贵州段进行调查，进一步确认了铜仁锦江流域的漾头、岩董等遗址。此后的三普期间又有了新的发现，目前该流域商周至汉代遗存已达20处。同年秋，为配合金阳新区建设，贵州省博物馆组成史前考古调查队，对该区域的洞穴进行较为全面的调查，发现史前洞穴遗址16处，采集石制品及陶器残件1000余件①。2003年冬，配合彭水电站建设，对乌江下游地区进行调查，发现一批新石器、商周、汉代及宋明时期遗存，并于2005～2008年对其进行大规模考古发掘。2004年夏，配合托口、白市等梯级水电站建设，贵州省文物考古研究所对清水江流域展开调查，发现一批史前、战国秦汉和宋元明时期遗存。2009～2011年，会同四川大学、中国社会科学院考古研究所、中山大学等单位对其进行了抢救性清理，初步厘清了该流域旧石器时代晚期、新石器时代、商周至战国秦汉及宋元明时期的文化发展脉络②。2005年3～5月，贵州省文物考古研究所对红水河流域的龙滩水电站淹没区进行补充性调查，对红水河北支北盘江流域的董箐水电站淹没区进行调查，发现一批阶地遗址，于2005年10月～2009年1月数次对其进行抢救性发掘，确认其分属新石器、商周、汉晋、宋明等不同时期③。

这一时期针对高铁、高速公路、电站（水电、火电）和工业园区所开展的基建考古取得了重要收获，如长昆高速、油气管道、夹岩水库、高坪工业园区等的考古调查都取得了一系列重要发现。该期的基建考古项目不胜枚举，据不完全统计，此间每年开展的基建考古项目在50项左右，无论深度、广度，抑或所取得的学术成果与社会影响均超越以往，贵州基建考古步入高速发展期。贵州基建考古60年的历程，与贵州社会经济的发展息息相关。

二、贵州基建考古的收获

以上粗略回顾了贵州基建考古的历程，下面对贵州基建考古所取得的成果进行梳理，从范围的拓展、学术成果等几方面展开。

---

① 贵阳市金阳新区管理委员会办公室、贵州省博物馆：《金阳史前文化探秘》，贵州人民出版社，2003年。

② 清水江考古队：《贵州清水江流域再次大规模发掘初步厘清文化发展脉络》，《中国文物报》2010年5月20日第4版。

③ 杨洪：《贵州北盘江流域先秦时期遗存分期与相关问题》，《考古与文物》2012年第2期；贵州省文物考古研究所：《贵州董箐考古发掘报告》，文物出版社，2012年。

（一）基建考古领域的不断拓展

这里所指的领域，是就基本建设项目的类别而言。

贵州基建考古的范围从早期的农田水利工程、水电站、铁路不断拓展，眼下已经涵盖铁路，公路，机场，水电站，火电站，输变电站，水库，石油、天然气站场与传输管道，工业园区，城市新区等建设领域。具体而言，配合基本建设实施的考古项目涵盖了贵州大小河流上面建设的大、中型水库，水电站，水利灌溉工程，以煤为能源的煤化工基地，火电厂，风力发电厂，国家电网输变电线路及其设施，石油和天然气输送管道，不同等级的公路、铁路，国家和地区开发的新区、工业园区及大型农业基本建设项目和城镇建设，等等。贵州考古工作在国家经济建设发展过程中所做出的努力和占有的重要地位从中可见一斑。

基建考古领域的变化，首先是新中国建设领域不断拓展的结果；其次与贵州考古人的积极努力密不可分，因为时至今日，也并非所有基建领域都能有效开展考古工作。此过程的推进并非一帆风顺。大致可以 2003 年为界，此前的基建考古多是政策规定必须开展该专项而由建设方主动找上门来的项目，主要是国家层面立项的大型基本建设项目。2003 年以后，贵州考古人根据《中华人民共和国文物保护法》的精神主动出击，与发改、交通、电力、移民等多部门互动，逐步打开工作局面，项目的涵盖面向省、市、县等不同层面拓展。在积极保障基本建设的同时，也使大批珍贵文化遗产得到及时抢救和有效保护。

（二）学术成果

60 年来，贵州基建考古所取得的学术成果是显著的，本书所收的主要就是这方面的成果。概括起来，早期主要是一些点的积累，后期随基本建设面的拓展，考古工作在线和面上取得了重要进展，也有了对基建考古工作的学理思考。

1. 点的积累

许多基建考古成果，因为工作面的限制，主要反映在一些个别点的发现上，但日积月累，可以形成对一个地区完整的印象。撮其要者缕述如下。

1954 年，羊昌河水利灌溉工程开始动工修建，贵州省博物馆派出考古工作人员组成清理发掘组奔赴工地现场，进行文物保护的宣传、文物考古调查、出土文物的清理、施工影响范围内古代墓葬的发掘等。在清镇、平坝一带发现古遗址、古墓葬多处，发掘清理两汉至宋明时期的古墓上百座，出土了釉陶器、铜器、铁器、金器、银器、木器、石器、玛瑙器、琥珀器、琉璃器、漆器、印章及古钱币等大量珍贵文物。其中的釉陶珠、釉陶水注、铜镦斗、铜壶、铜瓶、铜戈、铜豆、铜盘、铜洗、铜釜、铜镜、铜灯、铜耳杯、铁剑、铁剪、金钗、银钗、木剑、石砚、五铢钱、货泉钱、大泉五十钱、"谢买"印、"樊千万"印、"赵千万"印等在贵州是首次发现，由此揭开了贵州地下文物的金山一角，极大地丰富了贵州省的出土文物藏品。

1956 年，为配合川黔铁路的建设，考古工作人员在桐梓县发现了一批宋代墓葬，并于同年 4 月在夜郎乡和元田坝各清理了宋代双冢石室墓 1 座，出土铜壶、陶碟、陶杯、酱釉双耳小陶罐、白釉瓷碗、豆绿釉荷瓣瓷碟、瓷盘、金耳杯、银饰、"崇宁通宝"钱等文物。其开启了黔北宋墓发掘的先河，为紧随其后以播州土司杨粲墓为代表的宋代石室墓的考古发掘积累了前期的工作经验。

2003 年 8 月，为配合贵开路建设调查发现的开阳哨上打儿窝史前文化遗址，是黔中地区首次发现并进行科学发掘的早期文化遗存。贵州省文物考古研究所在当年 9～11 月就对该遗址进行了试掘。随后又与中国科学院古脊椎动物与古人类研究所协作进行了几度发掘。发现大量的兽骨、烧骨和人类用火遗迹等，表明这里是一处史前人类的居住活动遗址。遗址中大型骨器的使用，应该与挖掘植物的块根有关。大量的兽骨，表明肉食是他们食物的主要来源，兼以采集野生植物的果实和块根。出土的动物牙齿以鹿和牛最多，说明猎取的对象以此为主。

2004 年年初，贵州省文物考古研究所在对大花水水电站施工区及库区进行考古调查时，于开阳县高寨乡发现岩洞葬 4 处，分别为平寨村么罗寨洞、围坡田 1 号洞、观音洞、仓口洞。同年 5～6 月，对这 4 处岩洞葬进行了清理。根据伴出的钱币，大致推测这些岩洞葬的年代应为宋明时期。

自 1972 年 3 月以来，黔西县林泉区野坝、罗布垮，甘棠乡高坡、熊坡、朝阳大队，绿化乡大海子等地共清理汉墓 27 座，出土各类遗物数百件。2005 年 5～6 月，为配合黔西火电厂施工建设，贵州省文物考古研究所对黔西火电厂建设区域内的汉墓进行了清理发掘，发掘汉墓 10 座。发掘出土遗物 120 余件，其中陶器完整或可复原者 50 余件，器形有瓮、罐、釜、豆、灯、甑、钵、俑、模型等。铁器共 19 件，有釜、刀、锄、削、锯、钎等。铜器有鍪、釜、碗、铺首、泡钉、带钩、夹子、顶针、珠、摇钱树残片和镜等。钱币有货泉、五铢钱等 321 枚。另有银器、琉璃器、石器和琥珀器等 26 件。

2007 年 7 月中旬，习水至桐梓新站的二级公路施工过程中，在桐梓县夜郎镇茶台村岩伦组一带发现一批宋墓，8～9 月，贵州省文物考古研究所会同桐梓县文物管理所对其进行了抢救性清理，共清理墓葬 8 座，其中岩伦 3 座、杨八 5 座。墓葬的年代初步推断应在南宋中晚期。黔北是贵州宋墓的主要分布区，此次发掘的 8 座宋墓，是贵州近年来对黔北宋墓所开展的一次规模最大的科学清理工作，发掘所获资料对研究黔北地区宋代的历史、文化、艺术以及川黔地区经济、文化的相互交流等均具有重要价值。

2004 年 7 月，为配合石垭子水电站的修建，贵州省文物考古研究所对电站水淹区进行了考古调查，在江边一带又新发现汉代遗址 2 处，并对其中 1 处进行了小规模试掘，出土卷云纹瓦当等遗物。2007～2010 年，经国家文物局批准，贵州省文物考古研究所会同务川县文物管理所对江边一带的汉墓群先后展开两次大规模发掘，共计清理墓葬 47 座、汉代窑址 2 座，获各类遗物 500 余件（套）。其中 24 座汉墓出土有朱砂，这是大坪汉墓最为重要的发现之一。

2009 年年初，贵州省文物考古研究所对晴兴高速公路建设用地进行考古钻探时，在兴义市万屯镇阿红村发现 1 处古代文化遗存。通过发掘确认遗址年代最早可到春秋战国，晚可至汉代。2010 年 10 月，在晴兴高速公路文物考古发掘过程中，发现了阿红遗址汉代土著居民的墓地——老坟山墓地和新寨墓地。经过 50 余天的发掘，共发掘墓葬 60 座，老坟山墓地 57 座，新寨墓地 3 座。老坟山墓地墓葬随葬有大量玉石饰品。对墓地出土人骨的鉴定表明，"无论男女性，四肢骨的发育普遍较细弱，肌嵴发育不明显，可能生前不常从事较重的劳作"。墓群中使用牛、猪、狗等家畜陪葬，在此地区同时期汉式墓中是不见的。根据这些因素，推断老坟山石板墓的主人当是土著民族，年代不晚于东汉中晚期。

2. 线的延伸

配合乌江、红水河、赤水河、清水江、锦江等流域的基本建设所开展的考古工作，线性地梳理了几大流域的文化面貌及其发展脉络。可以说，这是贵州基建考古最为重要的发现，详述如下。

（1）乌江流域

从 20 世纪 70 年代开始在乌江干流上建设的乌江渡水电站，直到近年建设投产的沙沱水电站，乌江流域贵州境已建成普定电站、引子渡电站、洪家渡电站、东风电站、索风营电站、乌江渡电站、构皮滩电站、思林电站、沙沱电站、彭水电站（贵州与重庆相交）10 个大型梯级水电建设。在东风电站、思林电站、彭水电站等库区淹没范围内，发现众多不同时代、不同风格的古代墓葬以及古建筑、古遗址，并抢在电站下闸蓄水之前对项目涉及的文物考古工作内容及时地进行了抢救性的野外发掘清理。

地处乌江上游鸭甸河与鸭池河汇流处，清镇、黔西和织金三县交界河谷地带的东风水电站化屋基苗寨，在电站建设之前的文物考古调查中，发现了大量的古代少数民族石板墓，后清理发掘了上百座。

在彭水水电站库区考古调查中，发现的古代文化遗存数量众多、内涵丰富，既有古遗址、古墓葬，还有古窑址等。其中的淇滩小河口新石器时代遗址于 2003 年调查发现，2005 年由贵州省文物考古研究所首次发掘。其是一处新石器时代晚期遗址，出土各类石制品、断石、石料、动物牙齿化石、陶片等共计 170 件。采集石制品、陶片等标本 19 件。同样称为小河口的还有处于乌江和小河交汇处南面一级台地上的坝上小河口遗址，隶属沿河县和平镇复兴村坝上组，贵州省文物考古研究所与中山大学人类学系分别于 2006 年 11 月、2008 年 4 月、2008 年 9 月进行了三次发掘，发现了商周和宋元明清时期的文化遗存，以商周文化遗存的发现最为重要，其地层出土器物与成都十二桥文化出土器物近似，应属于巴蜀文化在贵州境内传播的重要地点，也是乌江流域目前发现、发掘的巴蜀文化在贵州境内分布的最远地点。

沿河县黑獭乡虎头村以北乌江南岸的神坝渡遗址于 2003 年在配合彭水水电站工程建设的调查中发现，其中以黑獭遗址群面积最大，共包括黑獭堡、大河嘴、李家坪、木甲岭、神坝渡 5 处紧密相连的古遗址。2006 年 6 月，贵州省文物考古研究所对其中的神坝渡遗址进行了初次试掘，2006 年 12 月～2007 年 1 月，进行系统发掘，两次发掘取得了较为重要的收获。发现神坝渡遗址主体堆积与其临近的大河嘴、李家坪、黑獭堡等遗址无论是地层堆积情况，还是出土遗物的文化特征方面都基本相同，应属同一时期的文化遗存。这些遗址的出土物与重庆酉阳清泉邹家坝、涪陵涪溪口、忠县哨棚嘴、万州苏和坪等峡江地区遗址的出土物也有较多的一致性。其主体时代当为商周时期，与峡江地区的巴蜀文化具有较为密切的联系，反映了峡江地区古文化沿乌江向黔东北地区发展的态势。

相邻的李家坪遗址行政隶属沿河县黑獭乡大溪村李家坪组，位于乌江南岸的一级台地上，从发掘的情况分析，李家坪遗址似为遗址的墓葬区，发掘的 6 座商周时期墓葬，为研究商周时期这一地区的葬制、葬俗提供了弥足珍贵的资料，为这一地区的文化划分提供了新的依据。遗址中出土的遗物，显现出与蜀文化的极大相似性，为研究商周时期乌江流域的文化传播以及文化属性提供了新的依据。

2006 年 4～7 月，对大河嘴遗址进行了大面积的考古发掘，取得了重要收获。发掘出汉代房址 1 座、灰坑 2 个，商周时期房址 4 座、窑 2 座、灰坑 3 个、沟 1 条以及大量柱洞等遗迹。出土遗物有石器、陶器、铜器和少量铁器。大河嘴遗址以西约 1 公里处的木甲岭遗址，其文化性质与大河嘴遗址一致。通过对上述两个遗址的发掘，基本了解了乌江下游地区史前至商周时期的考古学文化内涵，为研究这一地区这一时期的考古学文化提供了实物资料。

在配合彭水水电站工程建设过程中，贵州省博物馆考古队和贵州省文物考古研究所于 1988 年、1995 年、2003 年和 2005 年先后数次对洪渡镇库区范围进行考古调查和复查，在洪渡镇镇政府所在地及其周边地区发现了中锥堡遗址、丰产坝汉窑址、汉墓群和大量宋明时期墓葬，并于 2005～2008 年先后数次对水淹区内的文物遗存进行了抢救性清理发掘。其中中锥堡遗址是所有已发现遗址中地层堆积最厚、层位关系最清楚、出土遗物最丰富的遗址，是贵州乌江流域考古的重要收获，具有重要的学术意义。在一定程度上填补了贵州东北部考古工作的空白，不仅是探讨乌江流域古代文化发展早晚序列建立地层学的依据，更为其他遗址的发掘与研究提供了参照。洪渡周边的汉代遗存在探讨汉文化进入贵州的路线上具有重要的地位。除墓葬以外，在洪渡镇丰产坝库区还分布有汉代砖瓦窑遗址。2005 年冬，贵州省文物考古研究所与中山大学人类学系联合对该窑址群进行了抢救性清理发掘。根据在本地发现的汉墓材料，这些窑址中出土的花纹砖应是专门为营建墓葬而生产的。

乌江上游的基建考古成果，可以六枝老坡底为代表。2005 年 5 月，配合六枝老坡底火电站工程建设，贵州省文物考古研究所对电站建设用地范围进行了考古调查和钻探，发现蔡家坟、青岗林、夏大田、台子田、丫口地、对门坡、包包寨和罗家寨 8 处新石器时代遗址，遗址面积均在 1 万～3 万平方米。通过对其中的蔡家坟、台子田、夏大田和青岗林 4 处遗址进行的重点钻探和第一阶段抢救性发掘，发现大量遗迹现象，出土部分文化遗物。老坡底新石器时代聚落遗址群的发现与发掘，是贵州近年来新石器时代考古工作的重大突破。

（2）红水河流域

位于珠江水系之上的红水河龙滩水电站，是贵州境内的一大国家重点项目。为配合龙滩水电站建设，贵州省博物馆考古队、贵州省文物考古研究所于 1985 年和 2005～2006 年前后历时 20 年，对龙滩水电站贵州境内库区进行了三次考古调查，发现史前至秦汉时期古代遗存 12 处，并对其中的孔明坟遗址、天生桥遗址、沙坝遗址、拉它遗址、水打田遗址、浪更燃山石板墓群等进行了考古发掘。

孔明坟遗址位于贞丰县鲁容乡孔明村附近的孔明河与北盘江汇合处的北盘江东岸一级阶地之上，遗址分布面积近万平方米。2007 年 3～8 月和 2008 年 10 月～2009 年 1 月，贵州省文物考古研究所联合贞丰县文物管理所对该遗址进行了大规模抢救性考古发掘，获知该遗址是北盘江流域一处重要的新石器时代至汉代遗址，其文化遗存以新石器时代为主。遗址中发现的与石器制作相关的遗迹十分丰富，是目前贵州省境内规模最大的一处新石器时代石器制造场。

同期发现的还有贞丰县白层镇兴龙村的天生桥遗址。2005 年，贵州省文物考古研究所对天生桥遗址进行了试掘，出土了一批玉石器和大量陶片。2008 年 3～6 月，贵州省文物考古研究所对天生桥遗址正式进行了发掘，发掘面积 1400 平方米。发现天生桥遗址与普安铜鼓山遗址、白层坡们遗址存在可比较性，遗址的发掘为北盘江流域考古学文化的研究提供了新的资料。

沙坝遗址位于贞丰县鲁容乡鲁容村沙坝组，处于北盘江东岸的一级阶地上，沙坝河与北盘江的交汇处，遗址面积超过 1 万平方米，大部分处于龙滩水电站水淹区。2008 年 3～5 月和 2008 年 10 月～2009 年 1 月，贵州省文物考古研究所组织发掘队伍对该遗址进行了发掘。遗址出土了大量的磨制石器，并伴出许多石器加工工具，显示出其与拉它遗址的文化面貌较为类似。同时还出土了不少双肩石器，为研究双肩器的制造与使用提供了新的材料。遗址中先秦屈肢葬的发现与广西发现的屈肢葬可能存在联系，在贵州境北盘江流域的发掘中还属首次。

拉它遗址位于贵州省贞丰县城东南18.5千米的鲁贡镇坡扒村拉它地，北盘江西侧与鲁贡河交汇处的一级台地上。2007年1～3月，为配合龙滩水电站建设，贵州省文物考古研究所对该遗址进行了考古发掘，共清理先秦时期房址1座、墓葬2座、灰坑5个，出土有较多陶、石器和青铜器等文化遗物。这批遗迹和遗物的发现，为研究北盘江流域先秦时期考古学文化提供了新资料，具有较为重要的价值。遗址第5层的年代为战国时期，第6层为商周时期。发现的房址仅存柱洞，不见基槽，结构可能为南方少数民族普遍使用的干栏式房屋。墓葬皆为竖穴土坑墓，葬式分仰身直肢和侧身屈肢两种，出土遗物特点鲜明，与贵州西北地区、中部和东南地区遗址的文化面貌有较大区别，而与其南面红水河流域部分同时期遗址的文化面貌有诸多相似之处，这说明它们之间有文化交流或本身就属于同一大的文化圈。

水打田遗址位于望谟县乐元镇里好村水打田村民组，北盘江北岸的一级台地上。2007年3～6月，贵州省文物考古研究所对水打田遗址进行了发掘，发掘面积1175平方米，清理墓葬4座、灰坑8个、灰沟3条和房址1座，墓葬有瓮棺葬石板墓和长方形竖穴土坑墓两类。出土陶器、石器、玉器、铜器、铁器和骨器等遗物，从出土器物的特征推测遗址的年代主要为汉晋时期。

浪更燃山石板墓群位于贞丰县鲁贡镇平乃村坝社组，地处北盘江与坝社河相交处的一片缓斜坡地上。为配合龙滩水电站的建设，2007年5～6月，贵州省文物考古研究所对该墓地进行了抢救性发掘，共清理65座石板墓，出土一批陶、铜、铁、银、玉等不同质地的随葬品。其年代在西汉晚期至东汉早中期。

董箐电站是红水河北支北盘江流域的一处水电站。2005年10～12月，贵州省文物考古研究所会同中山大学及地方文物部门组成联合考古工作队，对董箐水电站库区施工区内的田脚脚和小河口两处古遗址进行了抢救性考古发掘，并对北盘江下游及周边地区进行了考古调查和重点钻探。根据田脚脚遗址中出土的有明确纪年的钱币"五铢"、"货泉"、"祥符元宝"、"皇宋通宝"、"大观通宝"、"宣和通宝"等实物，以及北京大学考古文博学院科技考古与文物保护实验室的热释光测年数据及碳十四年代测定数据报告，田脚脚遗址第4层的年代为魏晋时期，第3层晚至两宋时期。董箐两处遗址的发掘不仅为北盘江流域考古填补了地域与时间上的缺环，也为考古学文化类型的划分、编年和族属的探索提供了相应的资料。

马马崖电站是北盘江上游一处水电站。2004年在关岭县新铺镇大盘江村西岸一级台地上调查发现了板陋遗址，并于2011年对该遗址进行了第一阶段发掘。2013年进行第二阶段发掘时，又在北盘江北岸新发现尾巴田遗址，随即贵州省文物考古研究所会同关岭县文化局，分两期对该遗址进行了考古发掘，获得了一批珍贵的实物资料。该遗址的石制品加工技术与贵州旧石器时代晚期洞穴遗址的石器工业十分类似。

（3）清水江流域

乌江、南北盘江—红水河之外，清水江也是绵延贵州东部的一大河流。这一地区过去曾经是贵州考古工作的薄弱点。2004年，贵州省文物考古研究所对清水江上修建的托口、白市、挂治三个水电站进行文物调查，发现了辞兵洲遗址、盘塘遗址、江东溪口遗址和窑址、阳溪遗址、培芽遗址、瓦罐滩瓷窑等一大批从史前到宋元明清时期的古代文化遗存，并于2009～2011年分别进行了田野考古发掘。通过发掘，对比湘西一带的材料，大致可以初步推断辞兵洲遗址第3、4文化层的年代约在新石器时代中期前后，第6文化层以打制石器为主，其年代则可能早到旧石器时代晚期。因此，该遗址以及清水江流域相应不同时代遗址的发现与发掘，对清水江流域古代文明的研究具有突破性的意义。

天柱盘塘遗址位于天柱县白市镇白市村盘塘组，清水江西岸一级台地上，其东南2公里处为辞兵洲漆树脚遗址，与辞兵洲漆树脚遗址一江相隔的则有江东溪口遗址。遗址石器以打制石器为主，石器废料较多，磨制技术相对成熟，判断可能为石器粗加工场所。陶片上所饰凤鸟纹、垂帘纹、兽面纹与湖南洪江高庙遗址所出陶片上纹饰相似，器类皆以釜、罐为主，盘塘遗址与高庙遗址在陶质、陶色、纹饰、器类上具有较大的相似性，它们应属于同一考古学文化，即高庙文化系统，时代属高庙文化的中期偏晚阶段。开口于第4层下的战国时期墓葬，其形制及出土的器物，皆见于湖南同时期的墓葬中，考虑到文化特点的区域性共性，推测其大致属于楚文化的范畴。

江东溪口遗址的堆积可分为商周、宋元、明清三个主要时期，其中又以商周时期的文化遗存为主体文化堆积，宋元时期次之。遗址内出土了一定数量的渔猎工具，如陶网坠、铜箭镞、石球等，而农业工具基本不见，遗址出土的建筑遗迹均为排洞式木构建筑，可能居室建筑还是以干栏式为主。遗址与湖南湘西永顺不二门遗址的文化内涵十分相似。

瓦罐滩瓷窑遗址的发掘由贵州省文物考古研究所与四川大学考古学系联合进行，该窑址的发掘，是贵州历史上第一次对瓷窑进行发掘，具有重要的科学意义。发掘得知，该窑以烧制青瓷器为主，兼烧酱釉瓷器和黑釉瓷器，可辨器形有较多的碗、盘和茶盏，窑址内一共出土了完整或可复原瓷器、窑具近4000件，其年代大致在宋元时期，以元代为主，生产的瓷器主要销售范围为贵州东南部和西南部，在北盘江考古工地上出土的部分瓷器可能即是瓦罐滩窑址生产的产品。2010年冬发掘的江东溪口窑址位于天柱县江东乡乡政府驻地西南约200米处。发掘中出土大量瓷器，总数逾2000件。通过资料对比分析，该窑址的时代为南宋至明初，烧制持续时间较长。据调查，在清水江沿岸，这样的瓷窑分布地点已发现几处，但通过科学考古发掘的仅有瓦罐滩和江东溪口两处。这批窑址的发现与发掘，不仅对解决黔东南或者周边相邻地区出土瓷器的窑口问题有所帮助，而且对于贵州这片相对于中原地区发展略微滞后区域的瓷业生产情况研究具有更重要的意义。

对锦屏县茅坪镇阳溪村阳溪以及三江镇亮江、潘寨 3 处不同时期的史前遗址进行的抢救性清理发掘中，阳溪旧石器时代遗址的发掘为贵州省首次发现并发掘的旧石器时代河流阶地遗址。锦屏阳溪旧石器时代遗址与湖南境内清水江下游沅江发现的樟木桥、德山二砖厂、永丰砖厂、肖伍铺砖厂、印家岗等旧石器地点的出土物有相似之处。通过对这些地点文化遗物的研究，有关专家认为沅江下游的旧石器加工方法与中上游有较大差异，而与醴水中下游更为接近。所以，阳溪遗址的文化时代为旧石器时代晚期或更早，地质时代为更新世晚期或更早，年代在距今 1 万年以前或更早。贵州旧石器时代旷野遗址极少，仅占总数的 5% 左右，特别是河流阶地遗址更是寥寥无几。因此，阳溪遗址的发掘与收获是我省旧石器时代河流阶地旷野遗址的首例，从而填补了贵州省河流阶地旷野遗址的空白，将清水江流域的文化历史提至距今 1 万年以前。

培芽遗址属于典型的我国南方地区的砾石石器工业传统，是南方地区旧石器时代砾石石器工业在新石器时代的延续和发展。与贵州西南部的新石器时代石器工业相比，明显属于不同的技术系统，而与湖南沅江流域和贵州清水江流域（沅江上游干流）等地一些史前遗址的石器工业有着较多联系。贵州清水江流域的考古研究工作起步较晚，该流域古代遗存的发现和研究工作还存在许多的空白区域。

在远口镇坡脚、鸬鹚、月山背、湾头、学堂背、中坪、坪上等遗址的发掘中，发现有史前、战国秦汉、宋元明清等多个时期的文化遗存，取得了重要成果。其中在坡脚、学堂背和月山背 3 处遗址发现有新石器时代遗存，出土石制品 9000 余件。本次发掘是新中国成立以来考古工作者在黔东南地区开展的首次大规模田野考古发掘，填补了黔东南乃至西南地区考古工作的空白。发现的丰富的史前文化遗存，为建立和完善贵州史前考古学文化的序列，研究贵州史前时期考古学文化的区域性特点和文化传承，探讨高庙文化在黔东南地区的传播及其区域性特征提供了新的材料。

（4）赤水河流域

2009 年 4～6 月，为配合仁怀至赤水高速公路建设，贵州省文物考古研究所在习水县土城镇调查期间新发现了官仓坝、黄金湾 2 处商周至秦汉时期的古遗址。2011 年 2～5 月，为深入探索贵州赤水河流域古文化的基本面貌，促进相关考古学研究工作的深入开展，贵州省文物考古研究所对仁赤高速公路施工区涉及的官仓坝遗址进行了抢救性发掘。此次发掘是我省在赤水河沿岸首次进行的科学考古发掘工作，发现了一批商周至战国秦汉时期的灰坑、墓葬等遗迹，以及大批陶器、铁器、铜器、石器等珍贵文物，取得了重要的收获，为研究赤水河流域早期古文化的发展脉络和文化特征增加了弥足珍贵的新资料。习水县境内的赤水河流域，自20世纪40年代起，就陆续发现有早期文化遗存的线索。特别是在土城镇附近先后发现磨制石器的采集和出土地点10余处，采集斧、锛、凿、网坠等标本近20件。但长期以来，这些磨制石器的时代、使用者及其居住地等问题悬而未解。官仓坝遗址的发掘，为回答这些问题提供了重要的契机。

2010年10月下旬，"赤水市人民武装部新营区建设工程"施工中发现一组墓葬。经过对施工现场进行勘察，确定已暴露的3座墓葬均为汉晋时期崖墓。2011年1月，贵州省文物考古研究所会同赤水市文物管理所对已发现的崖墓进行了抢救性发掘。从墓葬形制与出土遗物结合周边的相关发现初步分析这批墓葬的年代约在东汉晚期。此次发掘进一步地丰富了我们对贵州境内崖墓内涵的了解和认识。

2011年在仁怀名酒工业园区建设中，于仁怀市三合镇卢荣坝村荣昌坝发现1座石结构双室宋墓。该墓动工于1226年，竣工于1230年。系播州人王兴、李氏八娘夫妇合葬墓，男、女墓主人分别生于1181年和1183年。墓葬石刻造型精美，雕刻技法多样、精湛，不但内容丰富，极富浓郁生活气息，而且有确切的起建与竣工时间，对于研究赤水河中游的古代历史、社会、经济、阶级关系和民族关系都有重要价值。

（5）锦江流域

贵州东部与清水江同属沅江流域的锦江流域，过去也是贵州考古工作的薄弱环节。2010年3～5月，为配合铜仁市芦家洞水电站改扩建工程的建设，贵州省文物考古研究所与铜仁市文物管理部门对库区内的磨刀湾、笔架冲遗址进行了抢救性发掘，同时对方田坝遗址进行了小面积试掘，这是锦江流域首次进行的科学考古发掘工作，获得了一批地层关系明确的夏商、西周、两汉和宋明清时期的考古资料，初步厘清了贵州锦江流域先秦至宋明清时期的古文化面貌和发展脉络，具有重要的学术意义。

根据初步的整理与研究，方田坝、磨刀湾、笔架冲三处遗址中发现的先秦时期文化遗存，大致可以分为两个文化类型，分别为方田坝类遗存和磨刀湾类遗存，其中以磨刀湾遗址最具代表性。同期获得的一批锦江流域先秦时期的石制品材料，为深入开展先秦时期贵州境内不同区域石器工业类型的研究提供了新的资料。从已有的发现来看，先秦时期锦江流域的古人类多选用河滩自然砾石为原材料制作石器；以锐棱砸击法和锤击法打片，以锤击法修理石器；虽然打制石器数量丰富，但其中加工精细的大多都是斧、锛等磨制石器。从更大的范围考察沅江流域的古文化遗存，则可发现整个沅江流域的古文化遗存均有相似之处。锦江流域所进行的首次考古发掘已经初步揭示出这一流域古文化的独特性和重要性，对于深入研究锦江流域乃至整个沅江流域古文化的面貌及其发展过程都将起到积极的促进作用。

3.面的拓展

大面积的基本建设，为大范围的考古工作提供了条件，亦使对一个区域考古学遗存的深入发掘和系统认识成为可能。中桥水库水淹区及金阳、贵安两个新区的基建考古工作就是这方面的例子。

（1）中桥水库水淹区

为配合遵义市中桥水库工程建设，2012年8月，贵州省文物考古研究所对中桥水库工程淹没区进行了文物调查和勘探工作，确认有8处文物点处在水库水淹区内，其中杨烈墓和挨河墓为既往发现的文物点。

2013年4月～2015年1月，贵州省文物考古研究所对该淹没区进行了历时两年的发掘，取得了重大突破，确认其中的挨河墓为播州杨氏第21世杨铿夫妇合葬墓，新发现第14世杨价的墓葬，获取各类金银器近百件，并清理出杨价墓和杨烈墓的墓园。同时清理了一批同一时期的遗址、窑址等。该发现荣膺"中国社会科学院考古学论坛——2014年中国考古新发现"及2014年度全国十大考古新发现。

（2）金阳新区与贵安新区

2002年秋，配合金阳新区建设所进行的区域考古调查，共发现史前洞穴遗址16处，采集石制品及陶器残件1000余件。遗憾的是，这批遗址没有一处进行过科学清理，目前却已破坏殆尽。

2013年7～9月，为配合贵安新区开发建设，贵州省文物考古研究所在马场镇范围内进行了一次全面系统的考古野外勘探调查，新发现地下、地面文物点30余处，其中史前至商周时期的洞穴遗址就有27处，加上此前发现的牛坡洞遗址，共计28处。这批洞穴遗址，都是充分利用当地的天然溶洞作为穴居处所，历经漫长的社会发展变迁遗留下来的。其中的坡脚寨、小狗场马洞、白虎关、下坝洞等洞穴，直到明清时期还在被人们使用，作为防御性的军事设施洞屯保留至今。

位于平寨村龟山组的牛坡洞遗址，自2011年起，中国社会科学院考古研究所、贵州省文物考古研究所联合对该遗址进行了发掘，目前发掘工作仍在进行中。遗址包含较多的石制品、陶片、烧骨、碎骨和鹿、猪、猫科、麂、螺、蚌等动物遗骸。发掘证实，遗址涵盖了旧石器时代、新石器时代、商周秦汉时期等不同阶段的遗存。

洞屯和营盘在该区域内发现较多，保存较好。已发现洞屯遗存9处（含有早期文化堆积的4处）、营盘遗址4处。洞屯与营盘是在清代社会动荡、军事活动频繁的情况下，当地民众与武装力量依据山洞、山顶等易守难攻的地形地貌，就地取材采用石料构筑的内、外两种军事防御性设施，用以保护自己免遭敌人侵扰伤害。其中的躲匪洞、歪嘴洞等洞屯作为清代当地使用的一种防御性设施，其地势险要，整体石构建筑保存较好，是研究黔中地区清代社会状况与军事行为不可多得的实物遗存，具有一定的价值。

营盘山营盘整体架构尚存，四周石围墙可见，屯门保留，保存了原有军事防御性设施的全貌。

4. 学术意义

纵观贵州境内配合基本建设开展文物保护，进行考古调查、勘探、发掘所取得的种种成果，给予我们最直观的感受和最深刻的印象是数量的恢弘，几乎是目不暇接、数不胜数，远远超过了以往常规工作中发现的遗迹遗物总和的若干倍。再就是内涵的丰富，不仅有早期堆积，也有中期、晚期遗存；既有遗址、墓葬，还有洞屯、营盘、岩画等；遗址中有洞穴遗址，也有旷野遗址；墓葬更是琳琅满目，既有汉墓，也有少数民族墓葬，死者年龄、身份、族属、葬式各异；形制有石室墓、砖室墓、土坑墓、石板墓；葬具有石棺、木棺、瓮棺等。凡此不一而足。通过这些在配合基本建设工作中发现的各种文化遗存，极大地拓展了我们认识贵州历史的视野，填补许多过去考古工作留下的空白，取得了前所未有的收获。

一是在贵州编年史的进一步完善，贵州考古学文化年代序列的建立、修改、补充环节方面，新发现的考古项目在不同时间的节点上都有不同程度的提升。比如配合贵开路建设发现与发掘的开阳哨上打儿窝岩厦遗址，第一次试掘的地层标本经送北京大学第四纪年代学测定实验室检测，共得出上、下跨度 3 万余年的若干个年代数据。第 2～4 层为上部文化层，第 5～19 层为下部文化层。上部文化层从距今 6500 年开始向上递减至距今 4300 年前后。第 2B 层和第 3 层采集的骨骼标本经碳十四年代测定，其年代分别为距今 12075±60 年和 12800±50 年。上部文化层处于新石器时代文化发展的早期阶段。第 5～19 层，出土大量的兽骨、烧骨、骨制品、石制品、石料、动物牙齿化石，已不见上部文化层的陶片和磨制石器，测定的年代数据分别为：第 5 层距今 15765±50 年，第 7 层距今 19300±80 年，第 10 层距今 21673±70 年，第 13 层距今 23540±250 年，第 15 层距今 25870±110 年，第 17 层距今 26675±230 年，第 19 层距今 27520±140 年，属于旧石器时代文化晚期堆积。这批数据叠压清晰、递增有序、跨度长达数万年，对黔中地区旧石器时代晚期历经新石器时代直至魏晋时期的考古学年代建立了一份可资参考的标尺，并将贵阳地区有古可考的历史从过去仅仅依靠文献记载，最多只能上溯到 1000 多年前的西晋时期一下子向前推进到了距今 3 万余年前的远古时代。

二是在考古学文化的地域分布上，以往的考古发现多局限于贵州西部为数不多的一些局部地点。通过这些年配合基本建设开展的田野考古工作，大大地拓宽了贵州古代文化遗存分布的平面空间。尤其是在贵州东部一带，过去几乎是贵州考古工作的空白地带，经过在这片区域开展的配合基本建设的考古调查，新发现了一大批从早期史前文化到历史时期的遗迹遗物，发掘了其中的一些重要遗址，丰富了我们对黔东地区过去不太明朗的考古学文化的认识。其中的辞兵洲遗址、盘塘遗址、江东溪口遗址和窑址、阳溪遗址、培芽遗址、瓦罐滩瓷窑等一大批从史前到宋元明清时期的古代文化遗存，为我们研究黔东地区早期的历史、深入探索清水江流域的古代文明具有突破性的意义。

三是考古学文化传播路线的日益清晰。随着配合基本建设考古项目的增多，在许多地点发掘出土的文化遗物及其伴出的遗迹现象均表现出了外来文化进入贵州的痕迹与脉络。例如清水江流域发现的遗址中，盘塘遗址的出土陶器在陶质、陶色、纹饰、器类上都与湖南洪江高庙遗址具有较大的相似性，可以看出它们应属于同一考古学文化——高庙文化系统。而开口于第4层下的战国时期墓葬，其形制及出土的器物，皆见于湖南同时期的墓葬中，考虑到文化特点的区域性共性，推测其大致属于楚文化的范畴。江东溪口遗址的堆积可分为商周、宋元、明清三个主要时期，其中又以商周时期的文化遗存为主体文化堆积，该遗址与湖南湘西永顺不二门遗址的文化内涵十分相似。从地理单元上看，处于湘西地区的永顺不二门遗址与处于黔东地区的江东溪口遗址均处于沅江的上游，自古以来，湘西、黔东地区就同属于一个大的地理单元和文化系统。其文化系统不但自成一体，而且与中原地区以及洞庭湖区的商周文化均有相当大的差异。由此可知黔东地区这一时期的考古学文化深受来自相邻的湘西地区外来文化的影响。

同样的例子在乌江流域也比比皆是。通过乌江系列水电项目的实施，在沿江地带发现的考古学文化突出地体现出外来文化溯流而上向贵州腹地深入的现象。就像处于乌江和小河交汇处南面一级台地上的小河口遗址，贵州省文物考古研究所与中山大学人类学系分别进行了三次发掘，发现的商周文化遗存与成都十二桥文化出土器物有许多相似之处，属于巴蜀文化在贵州境内传播的重要地点，亦是乌江流域目前发现、发掘的巴蜀文化在贵州境内分布的最远地点。

配合彭水水电站发掘的中锥堡遗址，也是贵州乌江流域考古的重要收获，不仅是探讨乌江流域古代文化发展的早晚序列建立地层学的依据，更为其他遗址的发掘与研究提供了参照。从出土遗物看，中锥堡遗址与重庆酉阳清泉邹家坝、酉阳清泉清源、万州涪溪口、忠县哨棚嘴等遗址的出土物基本相同，同长江流域峡江地区古文化遗存应属同一文化系统，是峡江地区古文化往乌江流域发展的结果，说明乌江流域自古就成为贵州高原与外地文化交往的重要通道。该遗址不同时期遗存的揭露，为探讨长江流域文明进程中文化的交流与传播找到一个很好的连接点。遗址中特征鲜明的陶器均系成都十二桥文化的典型器物，表明贵州北部地区古文化在发展中受十二桥文化和早期巴蜀文化的影响较大，从而大大拓宽了十二桥文化和早期巴蜀文化的影响范围。同期发现的洪渡遗址，在探讨汉文化进入贵州的路线上也具有重要的地位。

四是借着基本建设的开展，流域考古得以在贵州几大河流逐步推进。贵州的河流处在长江和珠江两大水系上游交错地带。全省水系顺地势由西部、中部向北东南三面分流。苗岭是长江和珠江两大流域的分水岭，以北属长江流域，流域面积115 747

平方公里，占全省面积的 65.7%，主要河流有乌江、赤水河、清水江、洪州河、潕阳河、锦江、松桃河、松坎河、牛栏江、横江等；苗岭以南属珠江流域，流域面积60 420 平方公里，占全省面积的 34.3%，主要河流有南盘江、北盘江、红水河、都柳江等。如前所述发源于贵州西部高原乌蒙山脉东麓威宁县香炉山的乌江，其水系属于长江流域，主要分布于云贵高原东北部，下游部分区域位于四川盆地边缘。干流古称"延江"，亦称黔江，是长江上游右岸的最大支流，也是贵州最大的河流。自源头向东南流经水城、纳雍、织金、六枝等县境，至普定后折向东北流，经安顺、平坝、清镇等县境称三岔河，汇入六冲河后称鸭池河，再向东北流经黔西、修文，在修文六广段称六广河，经金沙、息烽、遵义，至乌江渡后始称乌江。往下仍往东北流，经湄潭、余庆、开阳、瓮安、石阡、思南、德江、沿河等县境，至沿河县城后折向西部入四川境内，经彭水、武隆至涪陵汇入长江。乌江干流全长 1037 公里，在贵州省境内河长 889 公里，占总长的 85.73%；流域总面积为 8.79 万平方公里，贵州部分为 6.68 万平方公里，占流域总面积的 76%，占贵州省总面积的 37.9%，是贵州省内流域面积最大的河流。其流域横贯贵州省的西部、中部和东北部，主要支流包括六冲河、猫跳河、湘江、六池河、石阡河、洪渡河、余庆河、印江河、芙蓉江等。

为配合乌江流域大型基本建设项目的建设，自 2003 年起，贵州省文物考古研究所加大对乌江流域的考古调查和发掘工作，在乌江上游和中游地区发现新石器时代至宋明时期的各类遗存 20 余处，并取得了重要的发掘成果。如位于沿河县淇滩乡小河口的新石器时代遗址，位于沿河县洪渡镇镇政府南侧乌江与洪渡河交汇处二级阶地上的中锥堡遗址，位于沿河县黑獭乡大溪村的商周遗址群，位于沿河县和平镇复兴村坝上组的小河口遗址，位于沿河洪渡镇、地处乌江江岸一、二级阶地断壁上的洪渡汉代窑址群等。这些大量不同时期遗存尤其是先秦时期遗存的发现，不仅有利于建立乌江流域古代文化发展的早晚序列，摸清沿江考古学文化遗存的分布，更将乌江与长江三峡地区史前文化联系起来，对深入探讨长江流域文明进程中文化的交流与传播起到了一定的促进作用。同时，乌江上游地处乌蒙地区，这里也是长江、珠江两大流域在上游地区的分水岭。这一带发现的古文化遗存地域性强，自身文化特点深厚，又具有从东西、南北不同方向而来的文化因素，因而是我们探讨古代民族文化交流与碰撞的一个重要地区。

在贵州境内属于珠江水系的南、北盘江，是仅次于乌江的两大河流，北盘江干流全长 442 公里，贵州境内长 327 公里，流域面积 2.6 万平方公里，贵州部分为 2.1 万平方公里；南盘江流域面积为 5.7 万平方公里，贵州省境内部分 7840 平方公里。南盘江沿云、贵两省省界东流至望谟县的蔗香注入北盘江，蔗香以下统称红水河，经两广汇入珠江。过去由于考古工作的匮乏，对于南、北盘江考古学文化面貌的认识相当模糊，缺乏直观的第一手材料。加之有关夜郎文化研究中许多学者常把夜郎临牂牁江与南、北盘江联系起来，更是留下了无数的谜团。

进入 21 世纪以来，贵州省文物考古工作者配合基本建设，在北盘江流域调查发现了 15 处古代文化遗存，并对其中的部分遗址、墓葬进行了考古发掘。具有代表性的有前面介绍的孔明坟遗址、天生桥遗址、沙坝遗址、拉它遗址、水打田遗址、浪更燃山石板墓群等。出土了一大批具有强烈地域文化特色的文化遗物，发现了众多的文化遗迹现象。对北盘江流域早期文化遗址的发掘和研究，显示出这一地区的文化同越文化联系密切而又独具特色，是珠江流域古文化向北盘江流域发展的重要反映，并对求证早期北方甘青地区及氐羌文化向南方的传播通道也具有积极意义。对这些新石器时代旷野遗址的初步研究表明，其文化与长江水系区域文化有明显区别。这些新石器时代遗址与秦汉时期遗址以及两广地区同时期文化遗存有着比较明显的文化关联，证明泛珠江三角洲自古以来，在该流域生存的远古人类和他们所缔造的社会文化之间就存在着紧密联系。

同属长江水系沅江上游的清水江，发源于贵州省黔南州都匀市与贵定县交界处的斗篷山，干流全长 459 公里，主要流经都匀市、麻江县、凯里市、台江县、剑河县、锦屏县，在天柱县于瓮洞镇下金紫村流出省境进入湖南，汇入沅江。流域面积 17 145 平方公里，包括黔东南州、黔南州的 16 个县（市）。其流域面积在 1000 平方公里以上的主要支流有重安江、巴拉河、巫密河、六洞河、亮江等。清水江孕育了黔东南一带苗、布依、侗、汉等诸多民族儿女，缔造了沿江富有民族特色的地域文化。而该流域比较集中的田野考古工作，也是在对清水江上修建的托口、白市、挂治三个水电站进行文物考古调查时发现、并在水电站文物保护专项工作中进行的。通过在这一区域的考古工作，考古工作者发现、发掘了辞兵洲遗址、盘塘遗址、江东溪口遗址和窑址、阳溪遗址、培芽遗址、瓦罐滩瓷窑等一大批从史前到宋元明清时期的古代文化遗存。在对远口镇坡脚、鸬鹚、月山背、垮头、学堂背、中坪、坪上等遗址的发掘中，发现有史前、战国秦汉、宋元明清等多个时期的文化遗存，取得了重要成果。其中在坡脚、学堂背和月山背 3 处遗址发现有新石器时代遗存，出土石制品 9000 余件。本次发掘是新中国成立以来考古工作者在黔东南地区开展的首次大规模田野考古发掘，填补了黔东南乃至西南地区考古工作的空白。发现的丰富的史前文化遗存，为建立和完善贵州史前考古学文化的序列，研究贵州史前时期考古学文化的区域性特点和文化传承，探讨高庙文化在黔东南地区的传播及其区域性特征提供了新的材料。

五是区域文化的考古学研究获得配合基本建设新发现的大量考古材料的支撑从而不断深化。在过去较长一段时间里，由于贵州地下文物出土地点与出土量的局限，我们在进行考古学文化的研究中，通常只能就一些单个事物或局部地点从内部来探讨它们的演化递进，难以从更大的面和更高的视角来观察它们之间的关系与文化渊源。伴随着基建考古工作的开展，发现的点与内容不断增多，这种受原始材料制约的局限性得到较大的改善，我们在探讨某个区域的历史文化时，有了更多可资借鉴的第一手材料，从而可以从宏观角度更好地来把握不同区域之间文化的面貌与特点，找出其共性与个性。如上所言，现在我们大体知道了乌江流域的古代文化基本是长江文明溯江而上渐次地向贵州内地传播。而隶属珠江水系的北盘江流域，其文化面貌则更多地与广东、广西同时代的文化遗存相似。至于清水江流域与湘西高庙文化等的联系，自是更不必多说了。除此之外，贵州本土文化诸如铜鼓山类型的分布区域，在配合基本建设开展的田野考古工作中也得到了进一步的认识。这些在基建考古中发现的新材料，极大地丰富了我们的认知，初步勾勒出了贵州不同区域不同历史时期的文化面貌，给我们展示了一幅日渐清晰、完整的画面。

六是聚落形态的研究在配合基建考古工作中也得以在一些有条件的遗址群和具备聚落形态要素的遗址中展开。比如地处乌江上游三岔河支流六枝县岩脚镇老坡底村的老坡底遗址，2005年为配合当地火电站建设，贵州省文物考古研究所在面积约2平方公里的山间盆地进行考古调查时，发现了大面积的遗址分布。经过进一步的深入勘探，发现这是一片由8处新石器时代遗址组成的聚落遗址。随后考古人员对其中的蔡家坟、台子田、夏大田、青岗林等遗址进行了发掘。遗址的堆积以新石器时代遗存为主，这一时期的出土遗物主要有陶器、石器和骨器。陶器器形可辨者有釜、平折沿罐、敛口钵、镂孔靴形空心支座、网坠、饼、弹丸和器足等，主要以圜底器为主，未见平底器和圈足器。石器和骨器数量不多，多为磨制。石器有斧、砧和砍砸器等。骨器有刀、铲和纺轮等。这是贵州首次在中部地区揭示出新石器时代聚落遗址。该遗址的发掘因此入围国家文物局遴选的"2005年度全国重要考古发现"。

另外一种形态的聚落遗址群，表现为同一类型的文化堆积在时空分布上具有非常强烈的共性。例如2013年在贵安新区核心区域马场镇集中进行文物考古调查时发现的敞口洞、中湾洞、凯洒穿洞、牛坡洞、老鸹坡洞、大洞口、门岩洞、坡脚寨、嘉禾村穿洞、独坡洞、小狗场马洞、胡家岩、龟山洞、白虎关洞穴、大湾洞、洞脚、坡墩洞、白洞、护坡洞、穿洞山、扁嘴洞、朝天洞、下坝洞、牛洞、梨子洞、嘉禾上寨岩洞、羊掉洞、老李洞等20多处洞穴遗址，它们之间的直线距离最近的才相距几百米，最远的也不过几千米。且都是利用当地发育的喀斯特地貌形成的溶洞或岩厦作为古代人类生存的空间，遗留下文化特征较为一致的陶片、石器、灰烬、动物骨骼、石制品原材料等。表现出当时在这一区域生活的人类使用着相同的自然居所，传承着相同的生产方式和生活模式，在食物结构、社会组织形态、行为方式等方面具有相当多的共性。

在一个相对集中的空间内这么多同期史前文化遗存密集分布，不仅是该区域早期人类繁荣的标志，更是一种原始社会组织结构开始形成的表现。以洞穴群聚为形式的聚落形态，应该是这一时期活动在这一块土地上的原始居民生活的反映。根据在贵安新区马场镇的这些考古新发现，我们大致可以确定目前在马场镇有材料可考、有实物为证的人类社会历史至少在原始社会旧石器时代晚期，地质学上的晚更新世，时代在距今约上万年以前。在这些洞穴遗址中发现的遗物和遗迹现象，应该是目前我们所知道的马场镇范围内最早的原始居民所遗留，他们的存在代表了该时期生活在马场这一地域上的古代人类群体。同时以天然洞穴为主要栖居处所的"穴居"方式，是当时远古人类最为常见的选择，其充分利用了贵州发育的喀斯特地貌保护和发展自己。大量的兽骨出土说明了动物肉食在马场镇早期人类食物结构中所占的比重，同时也表明狩猎经济在当时社会生活中所具有的主导地位。石制品与骨制品、陶器的同时发现，一方面是旧石器时代晚期石器工业的逐渐衰落，另一方面也凸显工具加工技术的提升、原材料选择的更为广泛性，此时的人类已不再拘于单一的传统加工模式。在一个地点连绵不断地生活上万年，其间自然经历了长期的社会生活发展过程，固定不变的地理位置后面，是一段相对稳定、比较漫长的人口繁衍、技艺传承、社会进步的缩影。在马场这么一个不大的乡镇范围内，大量早期洞穴遗址的存在，反映出这一带史前时期曾经的繁荣，其中若干个洞成群成组分布，更是早期社会组织结构形成、人类走向现代的写照，揭示了贵安新区核心区域灿烂的远古文明。

5. 对基建考古工作的学理思考

在基建考古如火如荼地开展、取得大量学术成果的同时，贵州考古人也对如何更好地开展基建考古工作进行了深入思考。如曹波对贵州省境2004年前公路、铁路、水电站及农田水利、工业建设等一些任务性基本建设领域的考古成果进行了回顾，指出须在《中华人民共和国文物保护法》的指导下，运用基建考古配合的平台，加大上述基本建设领域的文物调查、勘探、发掘及文物保护的力度，有效整合贵州的文物资源。其中的任务性基建考古工作，是在建设中发现文物才由文物部门投入人力和经费被动实施抢救性考古工作，亟待将之纳入项目形式的基建考古工作中，即按《中华人民共和国文物保护法》的精神，将考古"所需费用由建设单位列入建设工程预算"，在工程启动前便开展相关考古工作[①]。罗青松结合贵州基建考古实际，思考了具体工作的操作模式、基建考古经费的性质及其管理等问题，将基建考古操作方式总结为三种模式：一是省级文物行政部门与建设单位商定文物保护方案，协定工作经费，再由有资质的考古单位从事具体工作，结束后向省级文物行政部门报告，省级文物行政部门组织专家论证，出具批文予建设方；二是由省级文物行政部门出具委托书，由有资质的单位具体与建设方对接；三是有资质的考古单位直接与建设方对接。并分析了各种模

---

① 曹波：《方兴未艾的贵州基本建设文物考古工作》，《贵州文史丛刊》2005年第1期。

式的利弊。关于基建考古工作收取经费的性质，属"事业性收入"。对结余的经费，应由主管部门或事业单位统一制定事业基金和福利基金。关于如何加强基建考古的管理工作，一是各级政府部门须将文物保护工作作为工程项目审批的重要内容；二是省级文物行政部门须加强与同级其他部门的沟通，做好考古工作的监督管理；三是从法律层面解决事业单位在基建考古工作中的执法主体问题[①]。

2011年7月，中国南方基建考古区域协作会在贵阳召开。会议由贵州省文物局主办，贵州省文物考古研究所承办，来自上海、浙江、福建、广东、湖南、湖北、江西、重庆、四川等省市的代表与会，就基建考古工作中所面临的相关问题进行研讨和协商。这一区域性的基建考古协作会目前已经成功举办5届，各地广泛地交流了基建考古的经验，对基本建设过程中文化遗产的保护有着良好的促进作用。

三、贵州基建考古的机遇与挑战

贵州基建考古，见证了贵州社会经济的发展，其所取得的成果，逐步勾勒出贵州古代文化发展的脉络，增进了我们对贵州历史的认知，增添了贵州文化的软实力。但毋庸讳言，当前的贵州基建考古工作面临着许多挑战，同时也存在着许多机遇。

（一）贵州基建考古面临的问题

目前，贵州并非所有的基本建设领域都开展了基建考古工作，尚存在许多空白领域，这与地方性法律法规对此不做硬性要求有关，也涉及对《中华人民共和国文物保护法》的不同理解。同时，基建考古的取费制度也面临新的挑战。

1. 空白领域

如前所述，贵州最早的基建考古是任务性的，且多是临时性的任务，常常打乱文物部门的常规性工作安排，并为此投入较多的人力、物力和财力。后来将考古经费纳入工程预算，进行项目化运作，激发了文物部门从事基建考古的热情。但根据《中华人民共和国文物保护法》的规定，只有在进行"大型基本建设项目时"，才先期"在工程范围内有可能埋藏文物的地方进行文物的调查或者勘探工作"，因此早先只有一些国家级的大型基本建设项目才系统开展基建考古工作，多数由省级及其以下的有关部门立项的基本建设项目则未开展此项工作。后随着考古人的积极介入，局面慢慢打开，但迄今为止亦并非所有基本建设项目都开展了考古工作。如贵州工业园区推进的过程中，仅有少数按照《中华人民共和国文物保护法》的要求开展了基建考古工作。目前为

---

① 罗青松：《基建考古工作中实施文物保护的几个问题》，《中共贵州省委党校学报》2010年第3期。

止，对城市改造、房地产开发等领域，尚无系统开展基建考古工作的先例。

2. 立法软肋

部分项目未按《中华人民共和国文物保护法》的要求开展基建考古的直接原因，是地方性法律法规未对开展此专项作出明确要求，因此立项时该环节便被忽略。换句话说，即便不开展此项工作也不影响基建项目的顺利立项。结果便是大批省级及其以下部门立项的项目未开展基建考古工作，造成大量文化遗存遭受破坏。以2009年为例，该年全省共完成基建考古调查项目67项，仅占全省重点基本建设工程项目的13%，共发现地下文物点200多处。当年全省实施农林水利项目32项，仅五嘎冲水库、双桥水库供水工程、高车水库供水灌溉工程、黔中水利枢纽一期工程4个项目做了前期文物调查、勘探工作①。时至今日，情况并未好转。

此外，《中华人民共和国文物保护法》第29条规定："进行大型基本建设工程，建设单位应当事先报请省、自治区、直辖市人民政府文物行政部门组织从事考古发掘的单位在工程范围内有可能埋藏文物的地方进行考古调查、勘探。"其中的两个提法存在不同解读，也是导致一些地方、一些部门拒不执行《中华人民共和国文物保护法》，不按要求进行基建考古的重要原因。一是何为"大型基本建设工程"，二是何为"有可能埋藏文物的地方"。在依法进行磋商时，业主往往以"小项目"、"不可能埋藏有文物"等理由予以回绝。

这是国内目前基建考古中普遍存在的问题。在《中华人民共和国文物保护法》的框架下，出台地方性的法律法规，是解决这一问题的关键。

3. 取费困境

前面提到，不同时期的《中华人民共和国文物保护法》对基本建设中的文物保护经费存在微有差异的表述，1982年版规定，基建考古所需费用由建设单位列入投资计划，或者报上级计划部门解决。2002年修订版则规定"凡因基本建设和生产建设需要的考古调查、勘探、发掘，所需费用由建设单位列入预算"，删除了"报上级计划部门解决"，反映了经济体制由计划经济到市场经济的变化。但此间，基建考古中的文物保护经费却一波三折。在1982年《中华人民共和国文物保护法》颁布实施的10余年后，1996年经国务院批准，国家计委、财政部联合印发了《关于取消部分建设项目收费进一步加强建设项目收费管理的通知》[计价费（1996）2922号]，公布取消包括"文化（文物）管理部门收取考古调查费和考古勘探费"在内的48项建设项目收费，基本建设过程中的文物保护经费由文物业务单位自行承担。次年，经过文物部门的努力，国家计委、财政

---

① 王小梅、罗青松：《拯救历史遗产厘清文化脉络——全省基本建设文物保护工作扫描》，《贵州日报》2010年8月13日。

部为揭示文物部门对（1996）2922 号文的不同理解，请示国务院同意下发了《国家计委、财政部关于建设项目涉及的考古调查与勘探费问题的通知》[计价费（1997）1220 号]，重申了《中华人民共和国文物保护法》的精神，明确"对文物业务单位承担考古调查、考古勘探所需费用，建设单位应当及时支付"。此后，基建考古取费进入"事业性收入"阶段。2012 年，山西省财政部门根据财政部和国家发改委文件，出于"减轻企业负担"的考虑，下发《关于取消部分涉企事业性收费的通知》，取消了考古发掘费，但要求"所需相关经费由同级财政部门予以保障"，"确保其工作正常开展"。同级财政部门则以财政难于解决为由，未能按文件精神保障基建考古的相关经费。目前除山西外，江西、浙江、河北等省均面临此困境，其面积还有可能进一步扩大。

在相关部门的"通知"影响《中华人民共和国文物保护法》的实施时，基建考古的取费制度将何去何从？有学者提出了以建设单位按照投资额的百分比缴纳遗产税，实现由费改税的过渡的思路①。随着矛盾的逐步凸显，从法理及学理层面对基建考古的若干问题进行梳理、探讨，形成可操作的方案已势在必行。

（二）贵州基建考古的展望

2014 年 10 月，中国共产党第十八届四中全会专题讨论了依法治国问题，10 月 28 日发布了《中共中央关于全面推进依法治国若干重大问题的决定》。这要求各部门必须按照《中华人民共和国文物保护法》的要求，依法行政，维护法律的尊严。对文物部门而言，按照文物法的有关规定行事，就是践行"依法治国"。在此背景下，贵州文物部门须始终立足大局，积极保护不可再生的文化遗产，与贵州社会经济发展休戚与共，争取社会经济建设与文化遗产保护的双赢互利。同时积极完善地方性法律法规的建设，有效拓展基建考古的领域，与周边省区积极互动，探讨基建考古的有效机制，创新基建考古的理念与模式，在具体的基建考古活动中强化课题意识，有效保护文化遗产。

具体实践中怎么办？北京市对"地下文物埋藏区"的实践便是一个成功的案例。在部分省区的基建考古面临困境时，北京市创新性地提出"地下文物埋藏区"，使其基建考古朝气蓬勃。早在 2004 年，北京市人大便审议通过《北京市实施〈中华人民共和国文物保护法〉办法》，将划定地下文物埋藏区的要求纳入法律范畴，要求"在地下文物埋藏区进行建设工程的，建设单位应当在施工前报请市文物行政部门组织考古调查、勘探"，"在发现重要文物的区域，市文物行政部门可以会同市规划行政部门划定临时禁止建设区"，在"旧城区进行建设用地一万平方米以上建设工程的，建设

---

① 海金乐：《基建考古任重道远——山西基建考古有关问题的认识》，《中国文物报》2012 年 6 月 22 日第 3 版。

单位应当在施工前报请市文物行政部门组织在工程范围内有可能埋藏文物的地方进行考古调查、勘探"。目前已经公布四批"有可能埋藏文物的地方"①。这一探索，在创新性地补充《中华人民共和国文物保护法》的同时，盘活了该市的基建考古事业，有效地保护了文化遗产。此外，江苏省人大在 2012 年 2 月颁发了《江苏省考古调查、勘探、发掘经费预算办法》，将"90 定额"本土化。2005 年成都市政府下发的《关于规范我市文物勘探发掘收费管理的意见》，对明确收费标准、收费解缴程序、规范收费票据和收入管理都进行了较具可操作性的解读②。

挑战与机遇并存，我们应该在保持自身传统优势的同时，从这些成功的案例中汲取营养，积极有效地推进未来的贵州基建考古工作。

四、结语

在这里，我们全面回顾了贵州基建考古 60 年的历程，并在书中重点介绍了 2003～2013 这十年间基建考古的成果，因为这十年恰是贵州基建考古高速发展的十年，相关成果层出不穷，尝鼎一脔，足知其味。

60 年来，贵州基建考古工作处在不断发展中，所取得的成绩是令人瞩目的，这与贵州社会经济的发展密不可分，也是几代贵州考古人艰苦奋斗、积极有为的结果。贵州基建考古在不同的历史时期面临着不同的问题，但只要我们按照《中华人民共和国文物保护法》的要求，依法行事，同时创新思路，积极开拓进取，包括基建考古在内的贵州考古事业必将蒸蒸日上。

这是贵州考古人共同的愿景和共同的努力方向。

周必素

贵州省文物考古研究所所长

---

① 刘保山：《建立完善地下文物埋藏区保护机制》，《中国文化报》2014 年 5 月 13 日第 7 版。
② 孙秀丽：《基建考古何去何从——"南方十六省基建考古区域协作会"侧记》，《中国文物报》2012 年 4 月 27 日第 3 版。

序

第一章　史前时期

第二章　商周时期

目　录

第三章　战国秦汉时期

第四章　魏晋至明清时期

第一章
史前时期

贵州境内的史前遗址，之前的绝大部分发现主要为洞穴或岩厦遗址，时代以旧石器时代中晚期居多，新石器时代的材料发现较少。十年来，为配合公路、电站、新区建设，特别是乌江、清水江、北盘江及红水河等河流梯级电站的开发，相继发现了一批重要的史前遗址，其时代上自旧石器时代中晚期，下迄新石器时代晚期。这些新材料的发现与发掘，进一步丰富了我们对贵州高原史前文化的内涵、源流、谱系以及旧新石器时代过渡等方面的认识。

开阳哨上打儿窝遗址

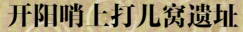

项目名称：贵阳至开阳二级公路建设工程

建设单位：贵阳市交通局 贵州高速公路开发总公司

遗址位于开阳县哨上镇，新建贵开公路东侧半山腰上一个岩厦内。2003年8月调查发现，于当年9～11月对该遗址进行首次试掘，试掘面积仅8平方米，文化层厚4.35～4.55米，未及底。2008～2009年，进行了第二次发掘。以下介绍的主要是首次试掘的材料。

本次试掘至第19层止。根据地层、遗迹之间的叠压打破关系和出土遗物的特征，以及对各层兽骨的碳十四年代测定和陶片热释光测年结果，可将文化堆积分为三个时期：第1B层为魏晋至宋明时期；第2～4层为上部文化堆积，属于新石器时代早期；第5～19层为下部文化堆积，属于旧石器时代晚期。上部文化层的相对年代为距今6500～4300年；下部文化层的绝对年代为距今27 000～15 000年。

遗址远景

发掘布方

　　出土各类哺乳动物牙齿化石2270颗，上、下颌骨115个，各部位骨骼化石1268块；骨制品2297件（骨器1079件）；石制品2074件（石器796件），石料938件。

　　下层文化层共发现遗迹15个，包括灰坑6个、骨堆1个、灰堆（用火遗迹）8个。遗物有骨、石制品等。骨制品2173件，其中骨器1009件，均为打制骨器。骨器加工方法有打、琢、刮削、切割、磨等方法，以打、琢、刮削为主，磨痕仅见于少数骨器刃部。器形以尖状器为主，还有铲形器、骨锥、骨铲、骨刀、牙器、角器等。石制品1647件，其中石器580件。岩性主要有燧石、水晶、石英、

玄武岩等。石器可分为两类，第一类是未经加工就直接使用的石器，有石砧、石锤等；第二类是经过人工加工的石器，主要是刮削器，还有尖状器、砍砸器等。石器多数一次成型。打片技术有锤击法、锐棱砸击法和砸击法，以锤击法为主。第二步修理加工技术以一面单向加工为主，多数向破裂面加工，交互加工的很少。

　　上部文化层遗迹有火塘1座、灰坑8个及红烧土面。遗物有骨、石制品及少量陶片等。骨角制品124件，其中骨器70件。器形大多与上一时期相同，以尖状器为主，其他有铲形器、骨锥、骨铲、骨刀、角器等。打制方法也与上一时期基本相同，只是器形偏小，且出现极少

发掘现场

量磨制骨器。石制品 427 件，其中打制石器 211 件，磨制石器 5 件。岩性以燧石、水晶、砾石为主。器形及打制方法与下部文化层基本相同。石器以打制为主，磨制极少。第一类工具数量很少，大都是砾石石锤；第二类工具器形有刮削器、尖状器、砍砸器等，以刮削器为主。陶片仅出土 45 片。火候不高，陶色不均，陶胎有的发黑。陶色以红褐色为主，兼以灰褐、黑褐色等。除 7 件泥质灰陶外，余皆夹细砂。纹饰以绳纹为主，其次为素面，此外还有网纹、锥刺纹、刻划纹等。陶片较碎，器形无法辨认。

遗址出土各类哺乳动物牙齿化石 2270 颗，上、下颌骨 115 个。大都出自晚更新世地层。发现最多的是鹿类，其次是牛类，再就是犀类，巨貘也占了一定比例。现生种数量占绝对优势，绝灭种数量相对较少。其种类计有：

灵长目（Primates）猴科（Cercopithecidae）猕猴（*Macaca mulatta* Zimmermann）。

啮齿目（Rodentia）有竹鼠（*Rhizomys* sp.）、豪猪（*Hystrix hodgsoni* Gray）。

食肉目（Carnivora）有熊（*Ursus* sp.）、獾（*Aretonyx* sp.）、虎（*Felis tigris*）。

奇蹄目（Perissodactyla）有犀（*Rhinoceros* sp.）、巨貘（*Megatapirus augustus*）。

偶蹄目（Artiodactyla）有野猪（*Sus scrofa*）、水鹿（*Cervus unicolor*）、与麂（*Muntiacus* sp.）、水牛（*Bubalus* sp.）、羊（*Ovis* sp.）等。

另有少数牙齿未定种属。

发掘现场

出土水生动物遗骸 49 件。除 1 件蚌出自晚更新世地层外，其余均出自全新世地层。分别有田螺科（Viviparidae）和蚌科（Unionidae）。

工具以骨器为主，石器为辅，特征极为原始。90％的骨器均有使用痕迹。在器形的加工使用上，骨器以尖状器为主，石器则以刮削器为主，可看出古人充分利用器形特点，实现功能互补。

大量的兽骨、烧骨和用火遗迹的出现，表明这里是一处史前人类的居住活动遗址。大型骨器的使用，应该与挖掘植物的块根有关。大量的兽骨，表明肉食是其食物的重要来源，兼以采集野生植物的果实和块根。出土的动物牙齿以鹿和牛最多，说明猎取的对象以此为主。在下部旧石器时代地层中不见螺壳，仅1 件蚌出土，说明当时还没有渔捞活动；而上部地层中出现了一些螺壳、蚌类，则表明此时已有渔捞生产。

打儿窝遗址文化层堆积厚、遗物密度大、地层关系叠压清楚，发现的骨制品数量惊人。仅在 8 平方米范围内，就出土如此丰富的遗物与遗迹，实为鲜见。其中尤为重要的是属于晚更新世晚期至全新世初期的地层叠压关系。该遗址是贵州境内一处重要的史前至历史时期的遗址。

（执笔 王燕子）

天柱辞兵洲遗址

项目名称：托口水电站建设工程
建设单位：湖南五凌水电开发有限责任公司

遗址位于天柱县白市镇，小地名辞兵洲，2004年进行清水江托口、白市、挂治三个水电站调查时发现该遗址。遗址发掘区域位于辞兵洲东部一级阶地上，同江东溪口遗址隔江相望，分别于2010、2011年进行了两次发掘。按发掘区位置将其分为Ⅲ区第一地点、Ⅲ区第二地点和Ⅱ区石器加工场地点三处。

整个发掘区文化层堆积共6层。第1、2层厚0.8米左右，是宋明以来的堆积，其中夹杂有汉代的陶片，出土有磨制石箭镞以及大量的打制石块、石片。第3、4

遗址全景

宋元墓葬（M3）

层厚1.2～1.5米，为新石器时代堆积，出土少量夹粗砂的素面或粗绳纹陶片，磨制石斧数件，而大量打制石块、石片的形制与第1、2层出土者类似。第5层为淤沙层，厚0.8～1米。第6层厚0.8～1米，该层土壤接近于第四纪网纹红土，其间依然包含少量块状淤沙。堆积中除石制品外，无其他任何遗物或遗迹。石制品仅见打制石器、石锤和少量石料，主要原料为来自河漫滩的砾石，凡近百件，主要出在该堆积层的上部，器类多砍砸器，有少量刮削器。多用黄灰色长条形或扁平的砾石做原料，从较为平整的一面向另一面加工而成。石器体形硕大，制作粗犷，同上层出土者区别明显。石器特点及埋藏环境与湘西旧石器时代的

"漭水文化类群"相似，其时代初步推测为旧石器时代晚期。

主要遗迹有灰沟1条、新石器时代至清代灰坑6个、宋元墓葬4座。

石器加工场位于北部靠近台地边缘，第1、2层厚0.4～0.5米左右，为宋明以来的堆积，其中夹杂有早期的陶片，大量的打制石块、石片。土质土色同Ⅲ区没有区别。第3层发现了大堆的打制石块、石片以及陶片堆积，探方中均出现相同的遗迹现象，确定这是一处新石器时代的石器加工场遗迹，整个堆积和地层情况相比Ⅲ区第一发掘地点有比较大的差异，它的底部有厚约5厘米的一层细沙，石制品和断块等废弃物就堆在沙上。清理出石制品标本万余件，其中

石器加工场

石器加工场绘图

第 2 层下遗迹　　　　　　　　　　　　第 6 层打制石器分布情况

有石砧 4 件，比较均匀地分布于加工场内，在其周围半径约 0.5 米内分布的石片密集度较高，可大致推断当时人类的加工位置。除石砧外，还出土较多石锤、砺石等制造石器的工具，以及丰富的砾石原料、石制品及其半成品与废料等，其间杂有少量陶片。陶片多为夹砂红褐陶，质地松软酥脆。纹饰以素面为主，有少量细绳纹。陶片多呈鱼鳞状，仅见口沿 1 件，敞口、高领。整个遗址出土陶片少而碎，影响了对辞兵洲遗址内涵与时代的判定。从石器工业看，该遗址的新石器时代遗存（第 3、4 文化层）石器趋于小型化，石片极多，并广泛采用锐棱砸击法，但部分砍砸器仍保留了该遗址旧石器时代遗存（第 6 文化层）的传统，比较厚重，制作方法简单，同第 3、4 文化层有比较明显的区别。对比湘西的材料，大致可以初步推断第 3、4 文化层的年代约在新石器时代中期前后。遗址出土陶片同周边地区同时期文化有明显区别，同临近的盘塘遗址之间关系亦不明朗，不排除其略早的可能性。第 6 文化层以打制石器为主，不见磨制石器和陶片，且器物出土于近似网纹红土层内，其年代则可能早到旧石器时代晚期。故该遗址以及清水江流域相应不同时代遗址的发现与发掘，对于我们进行清水江流域古代文化的研究意义重大。

（执笔　胡昌国）

磨石　　　　　　石箭镞　　　　　　磨制石器半成品

磨制石器

打制石器

陶片

锦屏阳溪遗址

项目名称：白市水电站建设工程

建设单位：湖南五凌水电开发有限责任公司

遗址位于锦屏县茅坪镇阳溪村，这一带海拔低，第四纪的覆盖率较厚，植被非常好。清水江自南向北流经此地，这一段水流较缓，河床较宽，两岸的一级阶地土质较厚，较平坦的地方均为农田梯土。遗址就位于该段西岸的一级阶地上，处于清水江与阳溪河相交的三角洲之处的农田中。为配合清水江白市水电站建设，于2010年5～6月，对锦屏县茅坪镇阳溪村阳溪以及三江镇亮江村、潘寨3处不同时期的史前遗址进行了抢救性发掘。其中，阳溪旧石器时代遗址为贵州省首次发现并发掘的旧石器时代河流阶地遗址。

此次发掘分为元凸和砖瓦厂两个发掘区，共布探方11个，发掘面积275平

发掘现场

T1 西南壁

方米，探方发掘最深处约 2 米。

元凸发掘区地层共分为 5 层，第 1～
3 层为耕土层和近现代堆积；第 4 层年
代可早到全新世之初或更新世之末，土
色为黄色，土质较致密；第 5 层为典型
的网纹红土，未发现人类活动痕迹，出
土数量较多的砾石制品，石制品极少有
第二步加工和使用痕迹，除砾石外，该
层还夹杂有风化岩和石英石，无人工
痕迹。

砖瓦厂发掘区因取土烧砖，晚期地
层已被破坏，更新世地层（即元凸发掘
区的第 5 层）直接出露于地表，在网纹
红土中发掘出土数件人工痕迹明显的石
制品，多为石片和石核，无第二步加工
和使用痕迹。除发掘出土的石制品外，

出土石片

第一水平层石制品分布图

在遗址周边，特别是砖瓦厂取土的位置，采集到数十件石制品，加工较好的皆为砍砸器，其中有 1 件为长条形砾石加工成的端刃砍砸器，1 件石片砍砸器，数件石核砍砸器，部分石制品表面有铁锰污迹及网纹红土印痕，且从石制品断裂的部分看，石制品被网纹红土侵染的痕迹明显，推断其出自网纹红土无疑。

通过对遗址的发掘，获得石制品 50 多件。经过对所获石制品的分类观察、分析对比，同时从出土物的类型组合、打片方法、修理技术、器形特征等对该遗址的文化特征归纳如下：一是石制品的原料均用硅质岩、变质灰岩、晶体砂岩等砾石为原料；二是石片几乎都是采用锐棱砸击法打片产生的零台面石片，且大型石片的数量占多数；三是器物类型组合以大型砾石砍砸器为主（大小在 10 厘米以上为多），大型石片砍砸器占一定数量；四是器物第二步加工由背面向腹面修理的较多，腹面向背面修理的零星出现；五是器物修理刃缘单凸刃较多，修疤连续、大小均匀。这些文化特征与清水江天柱县远口镇坡脚遗址出土的打制石器大同小异，坡脚遗址（新石器时代）石器的打片方法亦为锐棱砸击

法；以大型砾石或石片（大小在 10 厘米以上者占大比例）制作砍砸器；器物类型组合以砍砸器为主；石片以大型零台面石片占绝对优势等。这些特征说明二者的文化性质有着内在的联系与传承。但二者的文化特征亦有不同之处，坡脚遗址出土了一定数量的磨制石器，而阳溪遗址未见；坡脚遗址出土砍砸器中修理精致的大型盘状器数量不少，阳溪遗址仅零星几件。总体来看，阳溪遗址的石制品加工方式和组合更为简单，从地层特征观察，阳溪遗址网纹红土为更新世形成，比坡脚遗址年代更早。

阳溪旧石器时代遗址与湖南境内清水江下游沅江发现的樟木桥、德山二砖厂、永丰砖厂、肖伍铺砖厂、印家岗等旧石器地点的出土物有相似之处。通过对这些地点文化遗物的研究，有关专家认为沅江下游的旧石器加工方法与中上游有较大差异，而与醴水中下游更为接近。所以，阳溪遗址的文化时代为旧石器时代晚期或更早，地质时代为更新世晚期或更早，年代在距今 1 万年以前或更早。

（执笔 张兴龙 王新金）

贵安新区马场史前洞穴遗址群

项目名称：贵安新区建设工程
建设单位：贵安新区管委会

2013 年 7 ～ 9 月，为配合贵安新区开发建设，在新区核心区域马场镇范围内进行了一次全面系统的考古野外勘探调查，新发现地下、地面文物点 30 余处，其中史前至商周时期的洞穴遗址就有 27 处，加上此前发现的牛坡洞遗址，共计 28 处。分别是敞口洞遗址、中湾洞遗址、凯洒穿洞遗址、牛坡洞遗址、老鸹坡洞遗址、大洞口遗址、门岩洞遗址、坡脚寨遗址、嘉禾村穿洞遗址、独坡洞遗址、小狗场马洞遗址、胡家岩遗址、龟山洞遗址、白虎关洞穴遗址、大湾洞遗址、洞脚遗址、坡墩洞遗址、白洞遗址、护坡洞遗址、穿洞山遗址、扁嘴洞遗址、

大洞口遗址

朝天洞遗址、下坝洞遗址、牛洞遗址、梨子洞遗址、嘉禾上寨岩洞遗址、羊掉洞遗址、老李洞遗址。

这批洞穴遗址，都是充分利用当地的天然溶洞作为穴居处所，历经漫长的社会发展变迁遗留下来的。其中的坡脚寨、小狗场马洞、白虎关、下坝洞等洞穴，直到明清时期还在被人们使用，作为防御性的军事设施洞屯保留至今。而敞口洞等洞穴内至今仍然还有人居住。调查中未发现有经过人工开凿的洞穴为人类所使用。

这些洞穴所处的地理位置大多靠近现在的村寨，与相邻村寨的直线距离通常在数百米左右。海拔绝大多数在1250～1300米，占全部遗址总数的四分之三，仅有少数高于1300米，最高的一个为老胖村胡家岩遗址，海拔高达1526米，最低的为洋塘村新寨组中湾洞遗址，海拔为1248米。

就相对高度而言，则不尽一致，有位于山顶的，有位于坡脚的，也有位于半山腰的。从路径来看，都比较利于人类进出通行，所在位置并不十分陡峭。

大洞口遗址

坡脚寨遗址

门岩洞遗址

　　洞穴的朝向因山体山势不同，所生成的自然洞穴朝向东南西北的都有，并不统一。总体来看，以朝向西面的稍多，约占总数的四分之一，朝南的洞穴有4个，朝北的有3个，其余则朝向东南、东北、西南、西北不等。

　　洞口的大小也是因自然形状而异，比较常见的洞口宽度一般在10米左右，洞高以3～5米为主，洞的深度深浅不一，最浅为普贡村老鸹坡洞遗址，仅深4米，而最长的凯洒穿洞遗址洞深对穿达到85米。

　　洞体的形状亦多种多样，有结构简单的单体洞穴（中湾洞等），有前后对穿的穿洞遗存（凯洒穿洞、嘉禾村穿洞等），有2个洞穴并列的双洞遗址（枫林村牛洞遗址），还有由3个以上洞穴共同组成的洞穴遗址群（三台村八组穿洞山遗址，共有3个洞穴，其中的C洞

又有五个出口）。此外，除了洞穴遗存外，调查中还在红枫湖岸边的马鞍村蔡家庄西南大洞口发现一处岩厦遗址，该遗址为一横长状的岩厦遗址，面朝南，整体呈弧形向内倾斜，长约38、进深3～10、内高2～4、洞内面积约200平方米。地面上可见大量石块砌筑的晚期遗迹，含较厚的灰烬层，出土有烧骨、螺蚌壳、动物牙齿、打制石片等。沿洞口向下至山脚，均有含烧土、炭屑的地层堆积，呈坡状分布。其应为一处史前文化遗址。

　　就这批洞穴遗存所包含的遗迹遗物观察，总体上可分为四大类：第一类是古代人类用火所遗留下来的灰烬、烧土、炭屑等，见于敞口洞遗址、凯洒穿洞遗址、大洞口遗址、坡脚寨遗址等。第二类是反映古代人类渔猎经济动物性食源所遗留的部分动物骨骼，其中包括一些经过

火烧形成的烧骨和骨渣，此外还有来自水产品的螺壳、蚌壳等，见于敞口洞遗址、凯洒穿洞遗址、嘉禾村穿洞遗址、独坡洞遗址、胡家岩遗址、龟山洞遗址、洞脚遗址、穿洞山遗址等。第三类是古代人类作为工具使用的石器及石制品，仅嘉禾村穿洞遗址调查时就采集到石制品近200件，原料以燧石为主，石英岩次之，还包含少量的硅质岩、水晶等。石制品有石核、石片、石器、断块和片屑等类型；石片数量最为丰富，计有80余件；石器10余件，均为小型刮削器。第四类为新石器时代至商周秦汉时期的陶器，均为较碎的残片，以绳纹夹砂陶片为主，见于中湾洞遗址、凯洒穿洞遗址、坡脚寨遗址、独坡洞遗址、小狗场马洞遗址、白虎关洞穴遗址、大湾洞遗址、洞脚遗址、坡墩洞遗址、白洞遗址、穿洞山遗址、羊掉洞遗址、老李洞遗址等，是分布比较广泛的文化遗物。

以上发现的这些洞穴遗址，由于自然地形和地质情况所限，加之时间紧迫，多数是在洞穴及洞外地表进行初步的调查踏勘和标本采集，个别地点进行了极小范围的浅表性试掘，因而对遗址地下埋藏状况的了解并不是十分深入全面。关于遗址的堆积情况，我们在枫林村坡脚寨遗址所在的洞外坡状堆积断面上采集到夹砂陶片并对其地层进行了解剖，通过断面观察可分为5层堆积：第1层为表土，厚0.25～0.3米；第2层为黑土，厚0.2米，含红烧土及炭屑；第3层为黑褐土，厚0.22米，内含烧土、炭屑、陶片等；第4层为黄褐土，厚0.2米，含红烧土；第5层土质土色与第4层接近，厚0.2～0.26米，包含物较少。根据出土遗物分析，该洞早期文化遗存当在新石器时代至商周时期。

这批洞穴遗存的时代，根据采集到的相关出土遗物及遗迹现象分析判断，时间跨度较大，从最早的旧石器时代晚期到新石器时代直至历史时期的商周秦汉，经历了数千年甚至上万年的漫长发展。

鉴于这次区域性调查是以摸清贵安新区马场镇境内古代文化遗存的性质、数量与分布，故对上述洞穴遗存只是进行了初步的考古调查。此外，自2011年起，中国社会科学院考古研究所、贵州省文物考古研究所联合对位于这一区域内的平寨村龟山组牛坡洞遗址进行了发掘，目前发掘工作仍在进行中。遗址包含较多的石制品、陶片、烧骨、碎骨和鹿、猪、猫科、麂、螺、蚌等动物遗骸。发掘证实，遗址涵盖了旧石器时代、新石器时代、商周秦汉时期等不同阶段的遗存。

作为贵安新区核心区域的马场镇，在其不大的范围内发现史前至商周时期的洞穴遗址28处，这在国内外都是罕见的。这些洞穴遗址分布的密集程度在国内同期遗存中实属少见，其文化现象和文化内涵为解决史前人类如何从旧石器时代向新石器时代过渡，以及人类文明起源这一具有世界性的重要学术课题研究提供了宝贵的资料。

（执笔 宋先世）

贵阳金华肖家洞遗址

项目名称：苏宁电器仓储用地建设工程
建设单位：金阳新区管委会

2006年10～11月，在对贵阳环城高速东北环线涉及文物点进行考古发掘时，于贵阳市观山湖区金华镇大山洞发现洞穴遗址1处，该洞穴在民国时期为储存汽油用地，人称"汽油洞"。新中国成立后当地肖姓村民在洞东北侧约20米处建有窑场1处，于洞内堆放烧废的陶瓷，因此，该洞穴又被称为"肖家洞"。

2004年，肖姓村民在洞内北侧靠里处挖掘水池一个，后因工程太大放弃。挖掘出来的泥土即堆在洞内。调查时在这堆泥土中发现打制石片、磨制骨器及动物骨骼。9月底至10月中旬遂对挖出遗物进行挑拣、筛选工作，清理出磨制骨铲、锥20余件，打制石器、石片数百件，磨制石器2件，动物骨骼千余件（块），

洞口

洞口

洞口左侧堆积

洞内被破坏的遗址

发掘现场

胶结地层

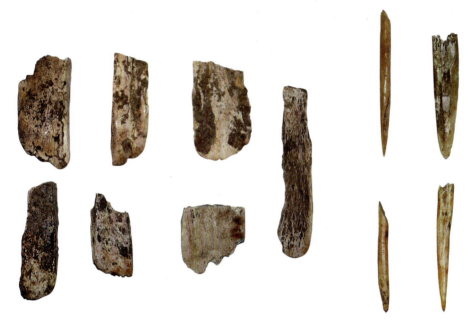

磨制骨铲　　　　　　　　　　　磨制骨锥

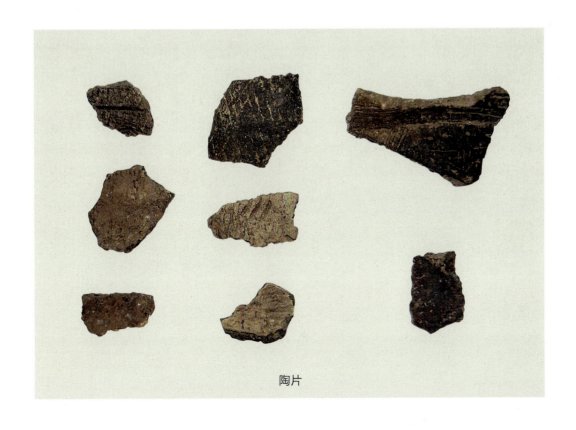

陶片

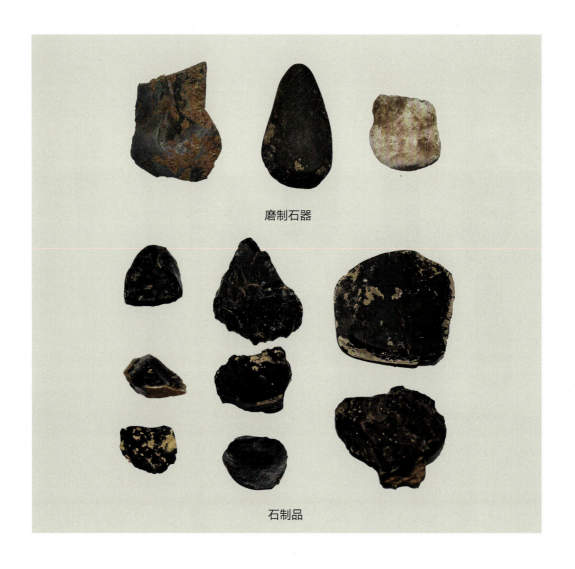

磨制石器

石制品

动物有犀牛、鹿、猪、牛、龟、鱼、鸟、鼠、竹鼠、豪猪、贝、蚌、熊、蝙蝠等种类。10～11月，于废弃水池旁布1米×2米探方进行试掘，因该洞穴所在山体为石灰质山体，试掘区域位于洞穴靠南壁处，水滴常年滴在该区域，故胶结比较严重，仅发掘2.55米深。

遗址文化层共15层，除1～3层为晚期人类堆积外，其余12层年代较早，从宋代至史前。堆积保存情况较好。

遗址出土打制石器、石制品数百件，石质多为燧石，间有少量变质灰岩、石英；磨制石器4件；磨制骨锥、铲60余件；磨制角铲3件；陶片10余片，有素面、刻划纹、菱形纹、方格纹、细绳纹等纹饰。此外还出土动物骨骼千余件（块），新发现动物有象、貘。

肖家洞是观山湖区发现的洞穴遗址中唯一经过试掘的，从出土物看，它是黔中地区一处重要的洞穴遗址地点，是贵州自普定穿洞发掘以来出土磨制骨、角器最多的一处遗址。其时代可能为旧、新石器时代之交，延伸至商周时期。

（执笔 胡昌国）

兴义老江底遗址

项目名称：老江底水电站建设工程
建设单位：兴义黄泥河发电有限责任公司

遗址位于南盘江支流黄泥河东岸一级阶地之上，共分为老江底、尾水、崖脚三个发掘区。2008年3～5月，为配合老江底水电站建设，对兴义市白碗窑镇甲马石村老江底遗址进行了抢救性发掘，其中在崖脚发掘区发现有新石器时代遗存。

崖脚发掘区地层堆积可分4层，其中第3、4层未见晚期遗物，是遗址的主体堆积，堆积物比较纯净，含河漫滩相沙质层。

各层均有石制品出土，绝大多数为打制的石制品，有磨制痕迹的石制品仅有数件，多系在扁圆形砾石的一侧或两侧的局部区域稍加打磨而成。特别值得一提的是，此次发掘并未发现任何遗迹现象和陶片，显示出其文化面貌的特殊性。

遗址出土各类石质标本600余件。其中第3、4层出土300余件，约30%为砾石原料。据初步观察，制作石制品

崖脚发掘区远景

崖脚发掘区远景

崖脚发掘区远景

崖脚发掘区近景

崖脚发掘区工作照

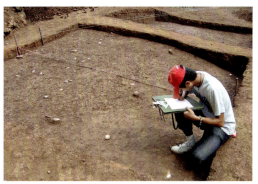

崖脚发掘区工作照

的原料多为磨圆度较好的砾石，岩性主要为砂岩和变质灰岩，附近河漫滩就发现大量这些类型的砾石，故制作石器的原料应是就近取材。石制品类型可分为有疤砾石（包括石锤和石砧）、石核、石片、石器、断块等。石锤多以长条形

的砾石为素材，多在砾石的一端或两端残留有打击疤痕，少数周身都有打击疤痕；少量以扁圆形的砾石为素材，打击疤痕多分布在砾石两侧的棱边上。石核多以扁平砾石为素材，一般只有 1～2 个石片疤，与锐棱砸击法打片形成的石

崖脚发掘区标本出土状况

崖脚发掘区标本出土状况

崖脚发掘区标本出土状况

核类似。石片依据剥片方法，多为锤击石片，其次为锐棱砸击石片。石器类型主要为砍砸器和刮削器，其他类型极少。砍砸器数量最多，主要为小型砾石砍砸器，以单面加工者居多，两面加工者很少。大都是在一端保持天然砾石面，另一端加工出刃口，有凸刃、直刃、凹刃之分，直刃和凸刃的较多。从修理方向看，正向加工的数量最多，反向加工的也占一定的比例。刮削器数量较少，主要为石片石器，一般以锐棱砸击石片为毛坯，在与台面相对的一端或一侧修理而成，疤痕往往较小，背面均保持较多的砾石面。断块数量亦很丰富，且有相当一部分断块为砾石断块，系砾石一打断裂成两半而成，断口平齐，有的在断口处仍可见清楚的打击点和放射线，在另一端保持天然砾石面，此类器物多与生产小型砾石砍砸器有关，可能就是生产这种工具的废料或毛坯。

遗址处在一级阶地之上，并且发现有少量的磨制石器，表明这是一处新石器时代遗址。从石制品的特征来看，打片的方法主要为锤击法和锐棱砸击法。制作石器的毛坯以砾石为主，石片较少。石器修理的方式以单面加工为主，修理方向以正向加工占主导地位。石器类型主要为小型砾石砍砸器和刮削器。总的来看，石器加工技术和类型组合比较简单。石制品所表现出的特征与北盘江流域贞丰县孔明坟新石器时代遗址较为类似，出土物几乎全为打制石器而未见陶片，器物类型组合更趋单调，文化面貌亦较之更为原始，显示出一些旧石器时代晚期文化的个性和特点，据此初步推断其时代当为新石器时代早中期。石制品

崖脚发掘区出土打制石器

崖脚发掘区出土有疤砾石、石核、石片、砾石断块

崖脚发掘区出土有磨制痕迹的石制品

的类型组合基本反映出石器加工制作的各个环节，从各类型的数量比例来看，也是砾石原料、断块和制作石器的毛坯占绝大多数，经过第二步加工的石器数量较少，同时在发掘中还发现了一些可拼合的石制品，而且遗址内未发现其他诸如灰坑、房址、动物骨骼、陶片等与人类日常生活有关的遗迹遗物，也未见明显的用火痕迹。根据上述特征，我们初步推断崖脚发掘区作为石器制造场的可能性较大。同时值得注意的是第 3、4 层含有一定的河漫滩相沙质堆积，加之发掘区处在坡地之上，因此也不能排除遗物存在受地质变化的影响而被搬运的可能。

此外，该遗址的文化特征与同属于南盘江流域的云南省富源县大河遗址和贵州省兴义市猫猫洞遗址的文化特征具有一定的共性。大河遗址位于黄泥河上游河段块泽河畔，属于旧石器时代晚期

稍早阶段的遗存，出现了极少量的锐棱砸击石片；猫猫洞遗址距离老江底遗址直线距离仅数十公里，属于旧石器时代晚期晚一阶段的遗存，锐棱砸击石片和以锐棱砸击石片为毛坯制成的刮削器已大量出现。另外从猫猫洞遗址现存的标本观察，小型砾石砍砸器也已经有了一定数量的发现，这些文化因素与老江底遗址的文化内涵有相同之处和较为密切的联系，具有一脉相承的特点。尤其是老江底遗址与猫猫洞遗址在地理位置上邻近，时代上前后相继，关系尤为密切，其意义就更为重要了。因此老江底新石器时代遗址的发现对研究猫猫洞文化的去向问题有着极其重要的作用，也为研究南盘江流域旧石器时代晚期文化的继承与发展，以及这一地区旧—新石器时代的过渡问题提供了重要的材料。

（执笔 张改课）

关岭尾巴田遗址

项目名称：马马崖水电站建设工程
建设单位：贵州北盘江电力股份有限公司

　　遗址位于关岭县新铺镇大盘江村东，地处北盘江北岸的一级阶地上。北盘江自西向东流经此处，其一级支流落秧河，自北向南注入北盘江，遗址就位于两河交叉口的三角基座阶地上。该遗址于 2004 年对马马崖水电站库区进行考古调查时发现。2013 年冬季和 2014 年春季，分两期对该遗址进行了考古发掘，目前已发掘

150 平方米。

　　发掘区位于落秧河和北盘江的三角台地上靠北盘江一侧，紧挨北盘江侵蚀形成的断裂面，耕土层以下为一层不连续分布的晚期地层，之下即为新石器时代堆积。整个遗址地层可分为 4 层，第 1 层为耕土层，褐色沙土，厚 0.1～0.3 米，含瓷片、铁钉等现代遗物，同时出土少量的早期石

探方出土石器

反向修理的刮削器（T0201③：40）

有两极特征的锐棱砸击品（T0301③：35）

制品，为扰乱所致；第2层为晚期扰乱层，灰褐色沙土，最厚处约0.3米，仅在发掘区北侧有所分布，南侧缺失，含瓷片、铁钉等现代遗物，同时出土少量的早期石制品，为扰乱所致；第3层为黄褐色黏土层，局部泛红，土质致密，包含少量钙质结核，粒径小于5毫米，出土有夹砂陶片、打制石制品、磨制石制品等；第4层为红褐色沙土，土质较第2层略为疏松，出土有打制石制品、磨制石制品等，未见陶片出土。

出土遗物可分为陶片和石制品两类。石制品又可分为打制和磨制两类。遗址所出陶片陶色为红褐色，质地较为疏松，夹粗砂，多为素面，少量饰有绳纹，器物形制仅见侈口器。遗址出土石制品绝大多数为打制石器，磨制石制品数量很少，通体

磨光石器仅有1件，磨制石器多数仅刃部磨光，也可能为使用痕迹。打制石制品的加工方法以锤击法、锐棱砸击法使用较多，同时存在少量的摔击技术。

遗址出土打制石制品数量极多，类型可分为大型刮削器、小型刮削器、大型砍砸器、小型砍砸器。大型刮削器原料基本来自河滩泥砂岩性的砾石，多使用锐棱砸击法产生的石片或石核为毛坯进行第二步修理，修理方法多为沿锐棱砸击石核或锐棱砸击石片刃缘向破裂面加工，向心打片。小型刮削器原料多来自河滩的硅质灰岩或燧石，有少量原料自然面没有磨蚀痕迹，明显来自岩脉，打片和修理方法以锤击法为主，少量使用砸击法。大型砍砸器原料基本来自河滩砾石，形体大且厚重，一般

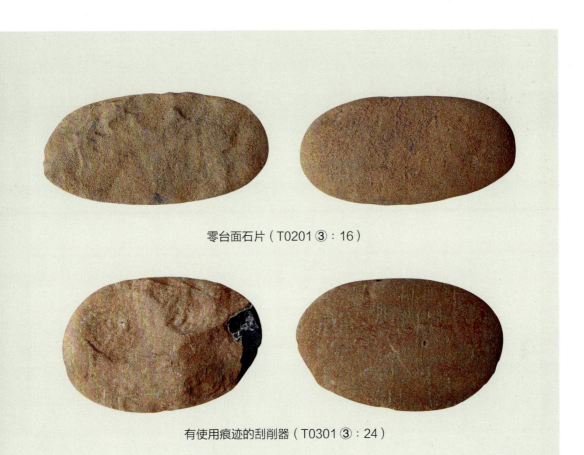

零台面石片（T0201 ③：16）

有使用痕迹的刮削器（T0301 ③：24）

在 10 厘米以上，第二步加工多采用向破裂面加工，打击方向较为一致。小型砍砸器形状不规则，尺寸多在 10 厘米以内，毛坯为石核，原料多来自河滩砾石。

尾巴田遗址的出土器物与同流域的贞丰县孔明坟遗址存在较多的相似之处。遗址出土的大型刮削器与孔明坟遗址发掘者认为的石锛毛坯为同一类器物，大型砍砸器也与孔明坟遗址出土者较为类似。两个遗址的石制品加工方法中同样存在锐棱砸击法。相比而言，尾巴田遗址出土的锐棱砸击石核更加典型，并且能从石制品特征上与典型的摔击品进行区别，这为从石器技术上与贵州旧石器时代晚期的洞穴遗址进行比较研究以及渊源探讨提供了新的材料。

除此之外，另一个重要的现象就是尾巴田遗址的石制品原料除了质地较软的砾石砂岩之外，还存在少量的砾石硅质岩原料，同时存在一部分来自岩脉的燧石。对硅质岩和燧石岩块的加工方法，无论是打片还是第二步修理，都以锤击法为主，对一些较为细小的硅质岩和燧石岩块也是用砸击法进行加工，多数情况下以石片为原料进行第二步加工。石制品的尺寸较小，形状不规则，这与贵州旧石器时代晚期洞穴遗址的石器工业十分类似。

测年结果表明，孔明坟遗址的最早年代为距今 7000 年左右，通过对两个遗址出土器物的对比，推测尾巴田遗址的最早年代可能与此相当甚至更早。

（执笔 张兴龙）

贞丰孔明坟遗址

项目名称：龙滩水电站建设工程
建设单位：龙滩水电开发有限公司

遗址位于贞丰县鲁容乡孔明村，孔明河与北盘江汇合处，北盘江东岸一级阶地之上，遗址分布面积近万平方米。2005年调查发现。2007年3～8月和2008年10月～2009年1月对该遗址进行了抢救性发掘，发掘面积逾700平方米。以孔明河为界，遗址可分为沟南、沟北两个区，其中南区是发掘的重点区域。经发掘和相关调查工作证实，该遗址的遗迹、遗物分属于新石器时代和战国秦汉两个时期，以新石器时代为主。南区的新石器时代遗存主要为各类石制品和相关石器加工遗迹，具有石器制造场的性质；北区发现的石制品与南区一致，同时也见有较多的螺壳和其他动物碎骨，应为生活区。

沟南区的地层堆积可分为6层，其中第1、2层为近现代层，第3层为战国

遗址远景

至汉代堆积，第 4～6 层为新石器时代堆积。该遗址的文化遗存大致可以分为三期，其中第二期可分为前、后两段。

第一期遗存为第 6 层，时代约为新石器时代早期。仅见少量的打制石制品，尚未发现陶器和磨制的石制品。石制品的原料以砂岩和轻度变质的硅质岩为主，主要类型有石核、石片、断块、断片、石器等，皆为砾石石制品，部分石制品表面风化比较严重。石核打片时多不修理台面，残留石片疤多在 3 个以下，石核利用率较低；石片的台面多为自然台面和零台面，分别与锤击法和锐棱砸击法产生的石片特征类似；石器类型以砍砸器（含小型砾石砍砸器）为主，也见有少量的镐，是一套以重型工具为主的石器组合。

第二期遗存，主要包括第 4、5 层以及叠压于其下的遗迹，时代约为新石器时代中期。第二期遗存又可分为前、后两段。

前段包括第 5 层及叠压在其下的遗迹，该段遗存发现有陶器以及打制和磨制的石制品。第 5 层出土遗物计有打制和磨制的石制品及砾石原料数千件，陶器残片 30 余片；第 5 层下叠压的遗迹内出土的遗物与第 5 层出土遗物基本一致，无法再作更细的区分。遗迹以石器加工点、石堆、废料坑等与石器加工有关的遗迹为主，另有 3 座墓葬。石器加工点多以一块大的石砧为中心，在石砧周围分布有众多大小不一的石片和碎屑，显然这类遗迹是制作和修理石器而形成的。石堆往往呈堆状，大小不一，由分布密

遗址发掘初期

遗址发掘中期局部

集的断块、碎片、砾石原料等堆积形成，很少见有成品和半成品，基本上都是在制作石器的过程中产生的废料。废料坑内往往堆积有大量的断块和石料，石器很少，绝大多数都是加工石器过程中产生的废料。3 座墓葬皆系长方形竖穴土坑墓，每座墓葬的上部都压有大块砾石，从葬式上看皆系二次葬，除 1 座墓葬内随葬 1 件通体磨光的石锛外，其余皆未见随葬品。陶器均细碎不堪，火候低，胎壁厚薄不一，均为夹砂陶，羼和料多为细小的砂砾，陶色主要为黄褐、灰褐两色，多为素面陶，纹饰有粗绳纹、弦纹、细绳纹等。打制的石制品原料以砂岩和硅质岩砾石为主，主要包括石锤、石砧、石核、石片、断块、断片、碎屑、石器等类型。石片依台面的存在形式，多见零台面和自然台面石片。石器类型以砍砸器为主，还见有较多的刮削器。磨制的石制品原料与打制石器无异；磨制方

式主要为局部磨制，以斧、锛、凿等类工具及其毛坯为主，多是在打制的毛坯基础上在刃部局部磨制而成，也见有少量边缘经过磨制的小石片和小砾石。此外，还见有少量研磨器，多是以天然长条形砾石为原料，仅在磨面有打制或磨蚀痕迹。综合出土遗迹、遗物的分析来看，已经具有石器制造场的性质。

后段主要包括第 4 层及叠压在其下的遗迹，该段遗存在地层和遗迹单位中也发现有陶器以及打制和磨制的石制品。该层下叠压的遗迹单位内出土的遗物与第 4 层中出土遗物基本一致，无法再作更细的区分。该期遗存发现的房址（还有一些零散的柱洞）、废料坑、石器加工点、石堆、石铺道路、墓葬、灰坑等遗迹构成了一个具有一定功能区划的石器制造场，发掘区东北区域发现有较多的石器加工点和石堆，可能是制造初级产品的场所；在发掘区西南部发现有 2

发掘区西南部房址和道路

座房址和一些零散的柱洞，根据柱洞的倾斜程度来看，可能分属3组不同的建筑。另外，该层中发现的砺石和陶器残片大多数都发现于房址的周围，表明这一区域可能属于精细加工的场所。房址的门口有一段用大块砾石及石制品混杂泥土铺成的简易道路。道路长约10余米，直通发掘区东北部制作初级产品的区域。道路以北、以西的区域发现有6座墓葬，多系近长方形或圆角长方形的竖穴土坑墓，墓坑较浅。从葬式上看，人骨零散，往往大部分骨骼缺失，当属于二次葬。各墓内均未见随葬品。有的墓葬人骨上还压有大块砾石。灰坑大多较浅，有的坑内堆有烧骨，当做丢弃生活垃圾之用。遗物共发现陶器残片、石制品等万余件。陶器残片近百片，火候较第5层出土的高，胎壁多较薄，以夹砂陶为主，也存在一些鬶和有细小砂砾的陶片，陶色见有灰、灰褐、红褐、黄褐等多种，以灰

陶和灰褐陶为主，多为素面陶，带纹饰者主要为细绳纹和弦纹等。石制品依加工技术的不同，可以分为打制和磨制两大类。打制石制品与第5层出土的并无明显差别。磨制石制品以斧、锛、凿等工具及其毛坯为主，一些器物修理精细，形态比较规整，出现一些加工精细的标本，还发现有一定数量的磨盘、研磨器、砺石等。相较于第5层，新出现了形态规整的石磨盘，研磨器也同样修理规整，形态多样，有圆锥形、圆柱形、半圆形等多种类型。石器制造场的规模持续扩大，并有了一定的功能区划。

第三期遗存包括第3层和部分叠压在第1层下的灰坑等遗迹，主要分布在发掘区西部临近北盘江的区域，时代为战国至汉代。该期遗存出土遗物较少，主要有陶器、石器、铜器等。陶器主要是一些残碎的陶片，陶色以灰褐为主，多夹粗砂，饰绳纹，火候较高。石器最

工作照——测量石制品坐标

废料坑 K1003

石堆

石器加工点

M1002

第 3 层出土双肩石斧

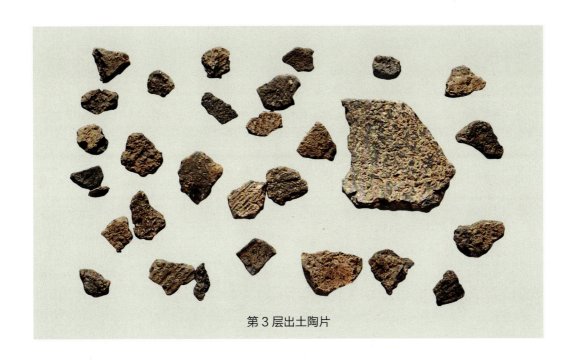

第3层出土陶片

典型的特征是出现有肩的通体磨光石器。铜器则有鱼叉等。

孔明坟遗址是北盘江流域一处重要的新石器时代至汉代遗址，其文化遗存以新石器时代为主，对于了解北盘江流域新石器时代文化的特征、构建这一地区的考古学文化发展序列有着非常重要的意义。遗址中发现的与石器加工相关的遗迹十分丰富，石制品不仅数量众多，且分布密集，是目前贵州省北盘江流域规模最大的一处新石器时代石器制造场，这一石器制造场具有比较明确的初级制造区和精细加工区的分区特征，对于研究这一地区史前时期石器的制作技术与过程提供了较为全面的材料。

新石器时代考古是贵州考古研究的薄弱环节之一，孔明坟遗址作为北盘江流域第一处经过大规模系统发掘的新石器时代阶地遗址，发现了一大批房址、墓葬、灰坑、石铺道路等遗迹和丰富的陶器、石器材料，无疑对于了解北盘江流域新石器时代文化遗存的主要特征、构建这一地区的考古学文化发展序列，以及深入研究贵州境内的新石器时代文化遗存都有着重要的意义。

遗址出土的打制石器在加工方法上继承了贵州省南、北盘江流域旧石器时代晚期文化的加工传统。从整个珠江流域来看，第二期遗存在文化面貌上与广西红水河流域、右江流域的新石器时代中期文化遗存具有较多的相似性。因而，该遗址的发掘对于研究北盘江流域考古学文化与周邻地区同时期考古学文化之间的关系提供了重要资料。

（执笔 张改课 王新金 张兴龙 刘文科）

天柱盘塘遗址

项目名称：托口水电站建设工程

建设单位：湖南五凌水电开发有限责任公司

遗址位于天柱县白市镇白市村盘塘组，清水江西岸一级台地上，地理坐标为东经 109° 26′ 41.58″、北纬 26° 59′ 56.35″。于 2004 年进行清水江托口水电站库区的文物调查时发现。2010 年 9 ～ 12 月，对遗址进行了为期近 4 个月的正式发掘。遗址所在台地西南低、东北高，呈缓斜坡状。东距清水江约 0.5 公里，遗址东侧有一条小沟溪与烂草坪相隔，其东南 2 公里处为辞兵洲漆树脚遗址。

湖南省文物考古研究所贺刚研究员观摩陶片（贺刚为湖南黔阳高庙遗址的发掘者、高庙文化命名者）

遗址远景（冒烟处为遗址所在地）

发掘时按象限法进行。按堆积情况，仅在第Ⅰ、Ⅳ区进行了发掘。Ⅰ区靠近小沟溪，按南北向共布探方6个，发掘面积150平方米。Ⅳ区与清水江临近，两区间有村民房屋相隔，该区地势较为平坦，共布探方20个，发掘面积500平方米，出土了大量石制品和夹砂陶片，以及较多的遗迹现象，主要有新石器时代灰坑、战国时期墓葬和宋代土坑墓。

Ⅰ区的地层可分为4层，其中第1层为耕土层，第2、3层为明清文化层，第4层为新石器时代文化层。Ⅳ区地层可分

Ⅰ区发掘现场（揭露表土层）

Ⅳ区发掘现场

IV区遗迹（灰坑、墓葬、柱洞）

IV区 T0908 东壁剖面

战国墓葬（M5）

磨制石器

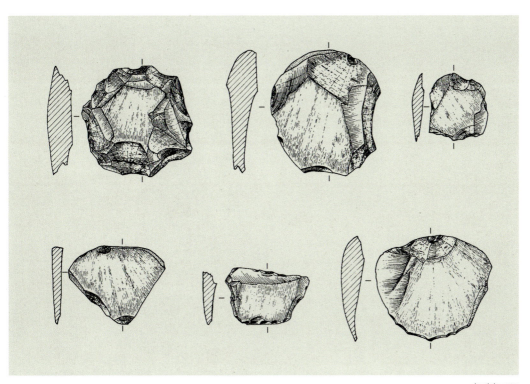

打制石器

陶片

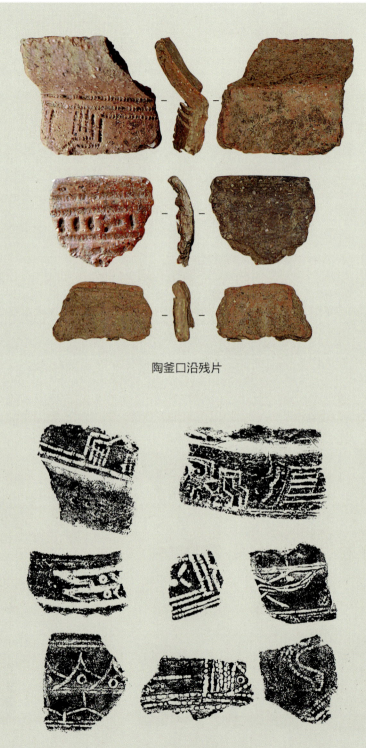

陶釜口沿残片

陶片纹饰拓片

为 7 层，其中第 1 ～ 5 层为晚期地层，第 6、7 层为新石器时代文化层。

此次发掘共揭露灰沟 3 条、灰坑 30 个、房址 1 座。灰坑和灰沟皆属新石器时代遗存，房址与灰坑年代大体相当。房址为排洞式建筑，柱洞直径约 20 厘米，平面呈长方形。灰坑数量最多，形制有圆形、长方形和不规则形等，以圆形居多，遗物多集中出土于灰坑内。灰沟 3 条，平面呈狭长形，形制不规整，宽度不一，直壁或斜壁，平底，内杂有打制石器和少量陶片，填土较地层填土颜色深。墓葬 5 座，其中战国时期墓葬 4 座，宋墓 1 座。墓葬形制皆为长方形竖穴土坑墓，其中 M3 随葬 2 件魂瓶（堆塑罐），瓶体颈腹部堆塑人像和动物，瓶内盛"治平元宝"数枚，时代属北宋中晚期；M1、M2、M4、M5 为战国时期墓葬，M1、M5 有生土二层台，长宽比约 2：1，M5 头龛内随葬陶豆 1 件。

遗址主体文化面貌以开口于第 4 层下的灰坑及其包含物为代表，从出土的石制品和陶片特征分析遗址文化层堆积主要为新石器时代文化遗存。

遗址出土石制品数量较多，分有疤砾石、石核、石片和石器几类，多以砾石为原料，质地为硅质岩或变质砂岩，利用率较低，多废料。石核分零台面、单台面和多台面。石片多采用锤击法由石核或扁圆形砾石打片产生。石器常见砍砸器和刮削器，不见尖状器，以砍砸器最多，特别是盘状砍砸器形体较大，且经过多次加工，

究其用途可能和使用工具或石器加工工具有关。磨制石器较少，仅见斧、凿、锛等，磨制较粗糙，但有对穿孔技术的运用。总体上，石器的文化特征继承了湖南西部"潕水文化类群"的技术传统。

遗址出土的陶器主要为夹砂陶，泥质陶极少。陶色有红褐、褐、灰褐、黄褐、灰黑、灰白、青灰、灰黄等，其中以红褐陶为主，褐陶和灰褐陶次之，少量黄褐陶，极少量灰白陶。纹饰以素面为主，压印纹和戳印纹次之，包括平行带状纹、连续波折纹、戳印篦点纹、圈点纹、凤鸟纹、垂帘纹和兽面纹，少量绳纹和划纹。压印纹和戳印纹施于口沿外侧至颈肩部，绳纹常见于腹部。制法为泥片贴塑法，器类有平底器、圜底器、圈足器，可辨器形有釜、罐、钵、支脚、圈足盘，以釜、罐为主。陶器上所饰凤鸟纹、垂帘纹、兽面纹与湖南洪江高庙遗址所出陶片的纹饰相似，而且器类皆以釜、罐为主，圈足盘与高庙遗址 E 型盘（T0914 ⑭：45）亦很相似。从陶质、陶色、纹饰、器类上看，盘塘遗址与高庙遗址具有较大的相似性，它们应属于同一考古学文化，即高庙文化系统，时代属高庙文化的中期偏晚阶段。

开口于第 4 层下的战国时期墓葬，其长方形竖穴土坑墓的形制，以及 M5 内出土的陶豆，皆见于湖南同时期的墓葬中，考虑到文化特点的区域性共性，推测其大致属于楚文化的范畴。

（执笔 杨 洪）

天柱远口遗址群

项目名称：白市水电站建设工程
建设单位：湖南五凌水电开发有限责任公司

为配合贵州省重点工程项目——天柱白市水电站的建设，2009年9～12月，贵州省文物考古研究所与四川大学考古学系联合对天柱县白市水电站淹没区进行了大规模的抢救性考古发掘，对2004年调查发现的坡脚、鸬鹚、月山背、塆头、学堂背、中坪、坪上7个遗址进行了发掘，在已发掘的7个遗址中，发现了史前、战国秦汉、宋元明清等多个时期的文化遗存，取得了重要成果。其中在坡脚、学堂背和月山背3处遗址发现有新石器时代遗存，出土石制品9000余件。

（1）坡脚遗址

遗址位于远口镇坡脚村清水江西岸一级阶地上，2004年调查发现时进行过小范围试掘。此次发掘共发现多个时期的灰坑60个、灰沟10条、石堆遗迹2处、墓葬2座、窑1座。

遗址的主体堆积为新石器时代遗存，包含物多为石制品，少量为陶片。陶片

坡脚遗址远景

坡脚遗址发掘现场

少而碎，主要为夹砂陶，泥质陶极少。陶色有红、红褐、灰黑、褐、黄褐、灰褐、青灰、灰白、黄白等多种。器表多有纹饰，以绳纹最常见，其次为戳印小（长）方格纹，还有弦纹、划纹、兽面纹等，多见以戳印的小方格纹组成条状纹和各种形制的图案。可辨器形有钵、罐、釜等。

出土石制品共 8100 多件。石料绝大多数都来自附近的河漫滩，以轻微变质的长石石英砂岩最多，还有极少量的脉石英、细砾岩、粉砂质的石英砂岩和水晶。石制品按加工技术的不同可分为打制和磨制两大类。其中打制石制品占绝大多数，包括有坑疤的砾石、石片、石核和石器等几大类。有坑疤的砾石包括石锤和石砧。石器中刮削器为多，砍砸器次之，盘状器再次之，尖

状器较零星，还有端刮器、凹刮器和修背石刀等，还见有较多的断片和断块。

出土磨制石器数量较少，种类有钺、斧、锛、凿等，形体多较小，另见有磨制石器的坯材及砺石等。

从出土石制品和陶器的形制及纹饰看，坡脚遗址新石器时代遗存与湖南高庙文化中晚期遗存类似，或可归入高庙文化。

坡脚遗址出土陶片

坡脚遗址出土陶片

坡脚遗址出土磨制石器

坡脚遗址出土打制石片　　　　　　　　坡脚遗址出土滑石璧

除发现大量史前时期遗存外，坡脚遗址还发现2座战国秦汉时期墓葬，其中M1墓口长3.35、宽2.48米，墓底长3.38、宽2.48米，深约1.8米；M2长2.78、宽1.98、深约1.4米。两座墓均为长方形竖穴土坑墓，墓底涂抹有一层青黄膏泥，两端有枕木沟。葬具均为木棺，人骨已完全腐烂，葬式不详。每座墓均随葬有1件滑石璧，石璧形制、纹饰相近，一面素面，一面饰圈点纹。从葬制、葬俗和随葬器物看，比较多地受到了楚文化的影响。

（2）学堂背遗址

遗址位于远口镇中团村清水江东岸一级阶地上。此次发掘共发现多个时期的灰坑12个、灰沟1条和窑1座。

遗址出土的新石器时代陶片不多，以夹砂陶为主，泥质陶很少。陶色以褐陶最多，红褐陶和灰黑陶次之，还有青灰、红、黄褐、黄白、灰褐和灰白陶等。素面居多，凸点纹和绳纹较常见，还有少量戳印纹、刻划纹和镂空。器形有圈足器、釜、罐等。与坡脚遗址相比，红褐陶比例大为增多，出现陶胎厚度超过2.3厘米的陶器。

出土石制品近1300件，占遗址出土遗物的绝大多数。除1件磨制石锛外，其余均为打制石制品。石料种类及石制品的制作技术与坡脚遗址表现出极大的一致性。

参考湘西地区已发表的考古学资料，学堂背遗址新石器时代遗存的年代要较

学堂背遗址发掘现场

学堂背遗址出土石制品

月山背遗址远景

坡脚遗址稍晚。另外，从石制品和陶器的特征看，学堂背遗址所见的这类新石器时代遗存亦与同一时期的湘西地区存在密切的文化交流。

（3）月山背遗址

遗址位于远口镇六池村清水江西岸一级阶地上。因历年烧砖取土和平整土地，遗址遭到严重破坏。此次发掘共发现灰坑3个、灰沟1条，出土和采集石制品90余件。

石料来自于附近的河漫滩，主要为轻微变质的长石石英砂岩。此次发现的石制品均为打制，此前贵州省文物考古研究所曾在该遗址采集过磨制石器。石制品包括有坑疤的砾石、石片、石核和石器等几大类。石器有刮削器、砍砸器和盘状器。总体来看，月山背遗址发现的石制品特征与坡脚和学堂背两遗址基本相似。

本次发掘是新中国成立以来考古工作者在贵州黔东南地区开展的首次大规模田野考古发掘，填补了黔东南地区考古工作的空白。发现的丰富的史前文化遗存，为建立和完善贵州史前考古学文化的序列，研究贵州史前时期考古学文化的区域性特点和文化传承，探讨高庙文化在黔东南地区的传播及高庙文化的区域性特征提供了新的材料。

（执笔 白 彬 于孟洲 胡昌国）

月山背遗址出土石制品

月山背遗址出土陶片

沿河淇滩小河口遗址

项目名称：彭水水电站建设工程
建设单位：重庆大唐国际彭水水电开发有限公司

遗址位于沿河县城郊以南约 5 公里处，在和平镇坝沱村淇滩小河口西岸台地上，该遗址于 2003 年配合彭水水电站建设时调查发现，2005 年发掘。遗址所在台地地处乌江与淇滩小河交汇口，两河相交在这里形成小"三角洲"，当地人称小河口。遗址被破坏严重，残存面积约 300 余平方米。本次发掘 76 平方米。

遗址文化层堆积很薄，地层分布不均，上下共分 3 层。大多数探方都是耕土层下即生土，只有少数探方有第 2、3 层。第 1 层为耕土层，厚 0.12～0.9 米，遗物有石制品 26 件、石料 14 件、断石废料 44 件、陶片 7 块。第 2 层为新石器时代晚期地层，黑褐色黏土，厚 0.02～0.68 米，只见于部分探方，大部分探方均不见此层。遗物有石制品 7 件、断石

遗址远景

布方情况

发掘现场

发掘现场

废料 19 件、石料 1 件、动物牙齿化石 1 枚、碎陶片 51 块。第 3 层为黄褐色黏土，堆积很薄，厚约 0.38 米，包含物极少，遗物只有石片 1 件。

此次发掘出土遗物不多，共 170 件。其中石料、断石废料 78 件，有疤砾石 7 件，石片 6 件，各类石器 20 件，鹿臼齿化石 1 枚，陶片 58 块。另采集石制品、陶片等 19 件。

石制品 33 件，岩性全是砾石。其中石器 20 件，分两类：第一类是未经加工就直接使用的石器；第二类是经过人工打制加工的石器。除石锤外，都属第二类石器。石器中刮削器所占比例不大，只有 5 件。石器几乎全是打制石器，只有个别刃部经磨制加工。器形普遍偏大，大的约 20 厘米 × 12 厘米，小的约 7.5 厘米 × 6.5 厘米，一般在 13 厘米 × 10 厘米左右。石制品因地制宜以砾石为原料，器形偏大。

石器加工方法是打制与磨制相结合，以打制为主，少部分石器在刃部和缘面经过磨制加工。加工技术相对磨制石器来说较为粗糙；但相对打制石器来说，则又精细得多。还有相当一部分石器是未经加工就直接使用的砾石石器。仅有的 1 枚鹿臼齿化石，其石化程度不高。

陶片出土较少，十分破碎，绝大部分出自第 2 层。色质有红色泥质陶、红褐色和褐色夹细砂陶。大部分火候不高，质地较酥，陶色不均。纹饰单一，少数有弦纹和刻划纹，大多数为素面。陶片无一块带口沿，器形无法辨认。

该遗址是在乌江下游贵州境内发掘的第一个新石器时代遗址，因出土器物较少，其文化面貌不是十分清楚。参照附近重庆酉阳清源遗址出土的遗物，推断遗址的年代为新石器时代晚期。

（执笔 王燕子）

六枝老坡底遗址群

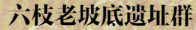

项目名称：六枝老坡底火电站建设工程
建设单位：贵州西能电力建设有限公司

　　遗址群位于六枝特区岩脚镇西北约10公里的老坡底村，这里系一南北狭长的山间小盆地，其北端乌江上游的重要支流三岔河自西向东流过。盆地四周系坡度较缓的石灰岩山脉，在山脉至盆地之间为缓坡和土丘，这里地势开阔，水源丰富，环境优越，现村落分布密集，遗址就分布在盆地周围地势较高的坡地

上，间距仅数百米，一些遗址还被现在的村寨叠压。2005年5月，为配合六枝老坡底火电站工程建设，对电站建设用地范围进行了考古调查和钻探，发现蔡家坟、青岗林、夏大田、台子田、丫口地、对门坡、包包寨和罗家寨8处新石器时代遗址，遗址面积均不大，在1万～3万平方米。在电站建设方的配

遗址远景

合下，我们对位于电站施工区内的蔡家坟、台子田、夏大田和青岗林4处遗址进行了重点钻探和第一阶段抢救性发掘，现发掘面积近2000平方米。

遗址分布于斜坡地带，地层堆积厚薄不一，但几个遗址地层堆积特点基本相同，中部均以一层较为纯净的烧土层为界，烧土层上为宋明时期堆积，房屋建筑遗迹面积大，柱洞也较大，破坏也较严重，如在台子田遗址清理的F1由较为规整的4排柱洞共30个组成，长10、宽7米，面积约70平方米，柱洞较规整，间距1米，有的柱洞底部有柱础石。从柱洞的排列和密集程度分析，可能是干栏式建筑。出土遗物不仅有早期陶片，还有许多釉陶片、青白瓷片等。烧土层

下为新石器时代地层，遗迹主要开口在生土面上，有房屋建筑、灰坑等。但各遗址由于位置不同，地层堆积也有一些差异。蔡家坟遗址位于盆地西坡，面积约3万平方米。该遗址位置较低，破坏也较为严重，遗迹主要开口在生土面上，有房屋建筑、柱洞、灰坑，出土物主要是陶片和少量石制品。台子田遗址位于蔡家坟遗址西南侧，相距仅约500米，面积2万平方米。遗迹主要有柱洞、围栏、灰坑、沟等。夏大田遗址位于盆地西南侧，是几个遗址中地层堆积最好的遗址，最深处近2米，清理出的遗迹有房址、灰坑、灶坑和许多零散柱洞。青岗林遗址位于盆地东南侧，新石器时代遗迹主要开口在生土面上，有房屋建筑遗迹、灰坑和

夏大田遗址 F3

夏大田遗址 F3、F4

夏大田遗址 Z3

夏大田遗址 T0110 西壁剖面

青岗林遗址发掘区

青岗林遗址 F2

青岗林遗址围栏遗迹

大量零散柱洞，房屋建筑遗迹外侧还发现围栏或篱笆墙遗迹。

　　此次发掘，最为重要的是清理出 4 座结构较为清楚的新石器时代房址和围栏遗迹。房址均开口在生土面上，由于受到破坏，居住面和门道等已不清楚，残留柱洞和火塘。从柱洞排列情况来看，房屋呈具有一定弧度的长方形，长 4、宽 3 米左右，面积 10 ～ 15 平方米，火塘位于房屋中部，系一长条形土坑，坑

壁有很厚的烧土胶结面，坑内为灰烬等（如 F2、F3）。围栏遗迹主要发现于台子田和青岗林遗址，台子田遗址主要在生土面上发现大量基本呈直线的小孔洞，孔洞直径 2 ～ 5 厘米，间距 10 厘米左右，小孔洞之间相隔一段距离有一个较大的柱洞，每排孔洞长短不一，可互相连接。青岗林遗址主要在房屋建筑遗迹外侧发现有围着建筑遗迹呈弧形的一排孔洞，孔洞直径 3 ～ 5 厘米，排列均匀，孔洞

石斧（LQH4：1）　　　石器（LX Ⅱ T0110 ③：1）　　　陶支座（LY Ⅳ T0203 ①：1）

中相隔一定距离也有直径较大的柱洞。从小孔洞的大小和排列情况分析应是房屋建筑的篱笆墙和围栏之类遗迹。

遗址中还发现许多灰坑、沟等，灰坑有圆形、不规则形和袋状等，但灰坑中包含物较少。

新石器时代地层和遗迹出土遗物不多，除陶片外，还有少量磨制骨器和石器。陶器均为夹砂陶，且主要为夹粗砂。陶质疏松。陶色不纯，基本上是褐陶，以黄褐陶和红褐陶最多。除素面陶外，纹饰主要是方格纹，有粗方格纹和细方格纹，还有少量叶脉纹和划纹，不见绳纹。陶片均细碎，器形可辨者有侈口宽折沿釜、平折沿罐、钵、靴形镂孔空心支座、网坠、饼、弹丸和器足等。从陶片看，主要以圜底器为主，未见平底器和尖底器。石器有斧、砧和砍砸器等。骨器有刀和纺轮等，但数量均很少。

老坡底新石器时代聚落遗址群的发现与发掘，是贵州近年来新石器时代考古工作的重大突破，遗址虽只做了较小规模的试掘和发掘，但分布如此密集、有明确地层堆积和丰富遗迹现象的新石器时代遗址目前在贵州还是重要发现。

出土陶器虽较破碎，但层位关系明确，一些器形如靴形镂孔支座、宽折沿釜等与贵州西北地区早期遗址出土器物迥然有别，有学者认为它可能是长江中游新石器文化经峡江地区顺乌江往上游发展的反映。从陶器的陶质陶色和器形特征看，老坡底遗址的陶器与位于黔西南地区的普安铜鼓山战国秦汉遗址具有较多相似因素，均以夹砂褐陶为主，流行圜底器和支座，两者之间可能具有一定的传承关系。因而老坡底遗址群的发现，不仅对探讨贵州早期文化遗存的发展序列，而且对探讨贵州与外地的文化交流都提供了极为重要的资料。但该遗址群由于出土物细碎，特征还不很清楚，而且由于各个遗址发掘面积均较小，遗址之间是同时的共存关系还是具有早晚继承关系也还不清楚，与遗址同时的墓葬未有发现，在遗址周边地区还未做过详细考古调查，缺乏可对比的同时期考古资料，这些都影响我们对遗址的分析。我们将制定详细的规划，进一步做好野外考古调查和发掘工作，弄清其文化内涵。

（执笔　张合荣）

锦屏培芽遗址

项目名称：白市水电站建设工程
建设单位：湖南五凌水电开发有限责任公司

　　2010年5～7月，为配合清水江流域梯级水电站建设，对淹没区内的几处史前遗址进行了抢救性考古发掘。为进一步了解相关遗存的分布情况和文化内涵，发掘期间还组织专业人员对锦屏县境内的亮江流域进行了一次较为系统的考古调查工作，期间新发现了培芽遗址，并随即对其进行了小面积的试掘，取得

了一些新的收获和认识。

　　亮江是清水江上游北岸重要支流，黔东南州锦屏县境内的三条主要河流（清水江、亮江、小江）之一，于该县的三江镇亮江村由北至南注入清水江。培芽遗址位于亮江西岸的一级阶地之上，阶地地势平坦，面积广大，行政隶属于三江镇亮江村（原属银洞村），小地名培芽。

遗址远景

发掘区全景

调查时在断面的地层中采集到少量打制石器和陶片等文化遗物，通过对亮江流域的系统调查，我们初步确认该遗址是亮江流域面积较大、保存较好的一处新石器时代遗址。

地层堆积

试掘工作历时近 1 个月，试掘面积 100 平方米。遗址地层堆积共分 5 层，第 3～5 层为新石器时代堆积，各层堆积均很纯净，均未见遗迹现象，出土物全为打制的石制品。各层出土石制品数量不等，其中第 3 层出土最多（40 余件），第 5 层最少（仅数件）。此外，根据土质土色的对比结果，可将断面上采集的陶片归入第 3 层，这为我们判断遗址的时代提供了重要依据。

发掘出土打制石制品百余件。据初步观察，制作石器的原料主要为磨圆度较好的河滩砾石，岩性以砂岩和粉砂岩为主，系采自附近亮江边的河漫滩。石制品的类型有石核、石片、石器、断块和碎屑等。石核 10 余件，有单、双、多

台面之别，双台面的最多，其次为单台面的，多台面的较少。石核上保留的石片疤多在 2 个以上。从石核台面、石核体上保留的石片疤等情况来看，古人在打片时多不对台面进行修理而直接打片。石片 20 余件，有零台面、自然台面、有疤台面等，以零台面者居多。从石片背面的情况来看，以全部自然背面为主，其次为自然背面加人工背面者，全部人工背面的较少。依据石片台面、劈裂面、背面等特征来看，大多与锐棱砸击法和锤击法打片产生的特征类似。石器 50 余

第 2 层出土巨型石片　　　　　　　　　第 2 层出土石片

第 3 层出土砍砸器

件，约占全部石制品总数的近半数，显示出较高的成品率，类型有砍砸器、刮削器、盘状器等，砍砸器和刮削器数量最多，其他种类很少见。砍砸器占石器总数的半数以上，多以砾石为素材加工而成。依刃口数量，有单刃和双刃之别，单刃的最多；刃缘形态有直、凸、凹刃等，以凸刃的为主；修理方向以正向为主。刮削器是数量仅次于砍砸器的石器类型，多以石片为素材加工而成，以单刃的为主，并以凸刃的居多；从修理方向看，正向、反向、错向、两面加工均有使用，但以反向为主。整体而言，石器多系单刃工具，并以凸刃的为主体；加工石器的毛坯以较大型的砾石、石核等块状毛坯为主，以石片为毛坯加工的石器较少。从修理方法来看，多系硬锤技术直接修理；从修理方向来看，有正向、反向、错向和两面加工等，以正向加工为主。总的来看，该遗址的石制品和陶器均显示出一些比较原始和粗糙的特征，反映出时代可能偏早，由于这一地区开展的工作较少，目前还难以作出更多的讨论。

综合分析，我们认为该遗址的石器工业属于典型的我国南方地区的砾石石器工业传统，是南方地区旧石器时代砾石石器工业在新石器时代的延续和发展。与贵州西南部的新石器时代石器工业相

第 4 层出土刮削器

第 4 层出土砍砸器

比，尽管同样存在较多的零台面石片文化遗存，但其体形多较贵州西南部地区的同类石制品厚大得多，明显与贵州西南部的同期石器工业属于不同的技术系统，而与湖南沅江流域和贵州清水江流域（沅江上游干流）等地一些史前遗址的石器工业有着较多联系。贵州清水江流域的考古研究工作起步较晚，该流域古代遗存的发现和研究工作还存在许多的空白区域。近年来，贵州省文物考古研究所、四川大学考古学系等单位在清水江流域做了较多的考古工作，取得了重要的收获，尤其是以天柱县坡脚、学堂背、辞兵洲等遗址为代表的新石器时代遗存的发现最为重要，为认识清水江流域新石器时代的文化面貌和石器工业提供了重要的资料。而培芽遗址正处于清水江流域，该遗址的石器工业亦与坡脚、学堂背和辞兵洲等遗址的石器工业存在着较多的联系。因此，培芽遗址的发现和试掘，在一定程度上丰富了清水江流域新石器时代遗址的分布范围和文化内涵，对于认识这一时期该流域的史前文化面貌和石器工业传统提供了新的资料，具有重要的意义。

（执笔　张改课）

第二章

商周时期

商周考古，一直是贵州考古中较为薄弱的环节。早年发现的商周遗存数量少，且多分布贵州西北部。近十年来，为配合清水江、乌江、北盘江、锦江等河流的梯级水电站开发建设，相继发现并发掘了一批重要的商周时期遗址，这对深入了解今天贵州境内商周时期考古学文化的内涵、区域文化类型等起到了巨大的推动作用。

天柱江东溪口遗址

项目名称： 托口水电站建设工程
建设单位： 湖南五凌水电开发有限责任公司

遗址位于天柱县江东乡乡政府驻地西南约 200 米处，一条小溪自东北向西南穿过江东乡汇入清水江，遗址就分布在清水江东岸，江东小溪南、北两岸的一级台地上。2004 年，为配合清水江托口水电站的建设调查发现该遗址。2010 年年底发掘时，将南、北两岸遗址分为Ⅰ、Ⅱ两区。Ⅰ、Ⅱ区各布探方 5 个，发掘总面积约 240 平方米。遗址堆积可分为

商周、宋元和明清三个时期，以商周时期为主，宋元时期次之。此处只介绍商周时期遗存。

商周时期的遗迹有房址 10 座、灰坑 8 个、窑址 2 座、灰沟 1 条、活动面 4 个。出土遗物有石制品、陶器和青铜器等。

出土的石制品多为石器加工留下的废料或原料。类型有石砧、石锤、石球、砍砸器、坠饰、网坠和石钺等，其中石

遗址远景

领导现场验收工地

二区发掘工作照

二区宋代墓葬

二区商周时期柱洞遗迹

锤出土较多。石质以砂岩和角质岩为主，燧石极为少见。以打制石器为主，磨制石器较少。

出土的陶片以夹砂陶为主，泥质陶较少。主要有夹砂红褐陶、灰褐陶、灰白陶和少量泥质灰陶，其他颜色的陶片数量极少。陶片的纹饰较为丰富，装饰的手法主要有戳印、压印、拍印、刻划和锥刺等。纹饰种类有绳纹、方格纹、弦纹、直线水波纹、曲线水波纹、圆圈凸点纹、Z字形纹、三角形纹、竖条纹等。通常多种纹饰组合使用，且多装饰于器物的肩部至口部之间（其中方格纹主要装饰于大口缸的外腹）。陶片以素面为主，约占75%，应与纹饰只装饰于器物肩部至口部之间的位置有关。

出土陶片较为零碎，完整器少，多为口沿标本。可辨器形主要有罐、大口缸、器盖、鼎、纺轮和网坠等，其中罐和大口缸是出土数量较多也是较有代表性的器物。

铜器出土数量不多，有铜钺、箭镞、铜簪和少量铜渣。

就江东溪口遗址的主体堆积——商周时期的文化遗存来看，其出土的遗物以陶器、石器和极少量铜器为主。就其陶器来看，组合纹饰的运用是其一大特点；石器则多为加工场所未使用的料石和加工石器留下的废弃物，成器形的较少，说明此处是一处石器加工场；出土铜器极少，器形相当单一，说明可能当时还处于石器时代向铜器时代的过渡时

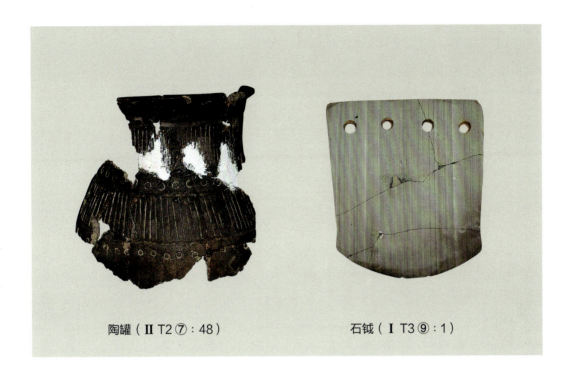

陶罐（ⅡT2⑦∶48）　　　　　　　石钺（ⅠT3⑨∶1）

期，石器还是当时社会生产生活的主要工具。

　　该遗址紧临清水江，是渔猎的理想场所。遗址内出土了一定数量的渔猎工具，如陶网坠、铜箭镞、石球等，而农业工具基本不见，说明当时的经济生活是以渔猎经济为主，这也正与遗址所处的地理环境相符合。遗址出土的建筑遗迹均为排洞式木构建筑，可能居室建筑还是以干栏式为主，这与南方地区温润潮湿的环境有关。从地层上看，淤沙层间歇性出现，局部厚度达1米以上，应为清水江洪水所致，这也可能是造成遗址最终被废弃的主要原因。

　　江东溪口遗址与湖南湘西永顺不二门遗址的文化内涵十分相似。从地理单元上看，处于湘西地区的永顺不二门遗址与处于黔东地区的江东溪口遗址均处于沅江的上游，自古以来，湘西、黔东地区就同属于一个大的地理单元和文化系统。其文化系统不但自成一体，而且与中原地区以及洞庭湖区的商周文化均有相当大的差异。相比之下，其与峡江地区的山区商周文化系统则表现出较多的共性，应属于同一个大的文化系统。碳十四测年结果表明，遗址第7层的时代大致在西周中晚期，第8层的时代大致在商代早中期。

（执笔　吴小华）

沿河黑獭大河嘴、木甲岭遗址

项目名称：彭水水电站建设工程
建设单位：重庆大唐国际彭水水电开发有限公司

为了配合彭水水电站的建设，2006年4～7月，对电站库区沿河县黑獭乡境内的大河嘴和木甲岭遗址进行了大面积的考古发掘，取得了重要收获。大河嘴遗址位于黑獭乡大溪村以西约400米处，乌江南岸的一、二级台地上，地理坐标为东经108°29′24.5″、北纬28°37′49.6″，海拔308米。本次发掘分为Ⅰ区和Ⅱ区，发掘面积共计1000余平方米。

此次发掘出土商周时期房址4座、窑2座、灰坑3个、沟1条以及大量柱洞。出土遗物主要有石器、陶器、铜器和少量铁器。石器以磨制石器为主，陶器器形有罐、盘、碗、支座、网坠等。

大河嘴遗址远景

大河嘴遗址全景

大河嘴遗址发掘工作照

大河嘴遗址出土石斧

大河嘴遗址 F3

大河嘴遗址一区 Y1

　　木甲岭遗址位于大河嘴遗址以西约1公里处，位于乌江南岸的二级台地上，遗址受晚期农业生产活动破坏较大，发掘出土的遗物与大河嘴遗址完全一致，其文化面貌和性质也完全相同。

　　乌江下游（贵州境）的考古工作，虽然之前也有少量涉及，但主要是以两汉时期的墓葬和窑址为主，商周时期的考古发现几乎是空白。可资对比的材料也十分有限。通过对上述两个遗址的发掘，使我们对乌江下游商周时期的考古学文化有了一个基本的了解，为研究这一地区这一时期的考古学文化提供了实物资料。通过与就近地区，特别是重庆酉阳清源遗址的对比，初步认识到了乌江下游地区史前至商周时期的考古学文化内涵，其与峡江地区、甚至是成都平原地区同时期考古学文化的面貌基本一致，至少同属于一个大的文化系统。

（执笔 吴小华）

木甲岭遗址远景

木甲岭遗址发掘工作照

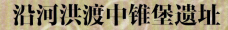

沿河洪渡中锥堡遗址

项目名称：彭水水电站建设工程
建设单位：重庆大唐国际彭水水电开发有限公司

为配合乌江彭水水电站的建设，1988年、1995年、2003年和2005年，先后数次对洪渡镇库区范围进行调查和复查，在洪渡镇镇政府所在地及其周边地区发现了中锥堡遗址、丰产坝汉窑址、汉墓群和大量宋明时期墓葬，并于2005～2008年先后数次对水淹区内的文物遗存进行了抢救性清理发掘，其中中锥堡遗址的发掘取得重要收获。

中锥堡遗址位于洪渡河与乌江交汇处南端小地名叫"中锥堡"的二级阶地上，北侧隔洪渡河与镇政府相望，由于流水侵蚀，阶地已呈东西宽、南北窄的小土丘，东部较宽，地势由东向西倾斜，面积仅约3000平方米，最高处海拔271米，高出乌江河床约30米，遗址中部偏东处有现代坟分布，并有电网线。本次发掘根据遗址地层堆积情况，重点选择在遗址中部偏

遗址远景

灰坑内堆积

东北地段进行，发掘面积约1200平方米。

遗址面积狭窄，地层堆积特点是由中部向东北侧和西侧倾斜，以东北侧地层堆积最厚，达近2米。全部地层分5层，第2、3层系汉代地层，第4层为商周时期地层，第5层为新石器时代地层，尤以第4层包含物最为丰富。通过发掘，弄清了明清时期、汉代、商周和新石器时代晚期几个阶段的地层层位和遗迹情况。

磨制石斧

共清理房址1座、灰坑45个、沟3条、墓葬2座，其中新石器时代晚期房址1座、灰坑4个；商周时期沟2条、灰坑29个；汉墓1座，灰坑10个，沟1条；明墓1座，明清时期灰坑2个。以商周时期遗迹和遗物最为丰富。

出土大量遗物，有石料、打制石器、磨制石器、磨石、磨制骨角器、碎骨、陶器和青铜器等。

陶罐

磨制石器数量多，达300余件，种类丰富，有锛、斧、刀、凿、网坠、纺轮和饰品等。石器特点是在河床中采集较规整的条形砾石，然后在一端磨出刃

磨制石器

磨制石锛

石纺轮　　　　　　　　　　石网坠

陶纺轮

陶网坠

铜箭镞　　　　　　磨制骨锥

部，加工简单，通体磨光和先打制成坯再磨制者少。磨制骨器主要有骨针和骨锥。此外地层和遗迹中还出土有大量动物碎骨，动物种类主要有猪、牛、鹿等。

出土陶器多系残片，能修复者少，但纹饰丰富，器形明确，特征鲜明。不同时期陶器差异明显，新石器时代晚期陶器均为夹粗砂陶，陶色主要是红褐陶和黄陶，纹饰主要是绳纹和交错绳纹，器类可辨者有花边口沿罐、平底罐和钵等。

商周时期地层和遗迹中出土陶器数量最多，除夹砂陶外，泥质灰陶占较大比例，还有一定数量的泥质黑皮陶，纹饰有绳纹、方格纹、划纹、戳刺纹、圆点纹和附加堆纹等，器类有折沿罐、卷沿罐、有领罐、高柄豆、尖底杯、尖底盏、网坠、纺轮等。

汉代遗物不多，主要是少量陶罐残片和瓦的碎片。

中锥堡遗址的发掘，是贵州乌江流域考古的重要收获，具有下列重要学术意义：

近年来贵州省文物考古研究所通过配合乌江流域水电站工程，加大了对乌江流域中下游地区考古调查与发掘力度，现已在沿河县境发现了 10 余处史前至汉代遗址，这在一定程度上填补了贵州东北部考古工作的空白。中锥堡遗址是所有已发现遗址中地层堆积最厚、层位关系最清楚、出土遗物最丰富的遗址，这不仅是探讨乌江流域古代文化发展的早晚序列建立地层学的依据，更为其他遗址的发掘与研究提供了参照。

从出土遗物看，它与重庆酉阳清泉邹家坝、酉阳清泉清源、万州涪溪口、忠县哨棚嘴等遗址的出土物基本相同，陶器均以灰陶、灰褐陶、红褐陶为主，多夹砂陶，纹饰主要有绳纹、方格纹、划纹、圆圈纹等，器形以卷沿、折沿的罐类为最多，另有盆、钵、豆等，流行平底器、圈足器和尖底器。同长江流域峡江地区古文化遗存应属同一文化系统，是峡江地区古文化往乌江流域发展的结果，说明乌江流域自古就是贵州高原与外地文化交往的重要通道。该遗址不同时期遗存的揭露，为探讨长江流域文明进程中文化的交流与传播找到一个很好的连接点。

遗址中陶器虽然基本上是残片，能复原的器物少，但特征鲜明的小平底罐、尖底杯、尖底盏、高柄豆、花边口沿罐等遗物系成都十二桥文化的典型器物，表明贵州北部地区古文化在发展中受十二桥文化和早期巴蜀文化的影响较大，这就大大拓宽了十二桥文化和早期巴蜀文化的影响范围，也为探讨贵州不同地区史前文化的多样性和独特性提供了珍贵资料。

从已调查和发掘资料看，洪渡镇所在地汉代遗存丰富，有遗址、窑址和大量汉墓分布，但从洪渡往乌江上游方向则未发现典型的汉代遗存，而沿洪渡河方向，在其上游的务川、道真等县汉文化遗存较为集中，这是否说明汉文化在发展过程中发生了转向，因而洪渡遗址在探讨汉文化进入贵州的路线上具有重要的地位。

（执笔　张合荣）

铜仁磨刀湾、方田坝、笔架冲遗址

项目名称：芦家洞水电站建设工程
建设单位：铜仁市锦江投资有限公司

2010年3～5月，为配合铜仁市芦家洞水电站改扩建工程的建设和深入探索铜仁锦江流域先秦时期遗存的考古学文化面貌，对其中的磨刀湾、笔架冲遗址进行了抢救性发掘，同时对方田坝遗址进行了小面积试掘，获得了一批地层关系明确的夏商、西周、两汉和宋明清时期的考古资料，初步厘清了贵州锦江流域先秦至宋明清时期的古文化面貌和发展脉络，具有重要的学术意义。

根据初步的整理与研究，方田坝、磨刀湾、笔架冲三处遗址中发现的先秦时期文化遗存，大致可以分为两个文化类型，分别为方田坝类遗存和磨刀湾类遗存。方田坝类遗存仅在方田坝遗址中有所发现；磨刀湾类遗存在磨刀湾遗址和笔架冲遗址中均有发现，其中以磨刀湾遗址最具代表性。

（1）方田坝类遗存

方田坝遗址位于铜仁市以西约20公里的坝黄镇坪茶村西，处在锦江上游北岸一级阶地之上，遗址面积达数万平方

方田坝遗址远景

方田坝遗址 H5 出土石制品

方田坝遗址 H5 出土陶片

米，是锦江流域难得的一处面积较大，遗迹、遗物较为丰富的古文化遗址。2010 年 5 月，我们对该遗址进行了试掘，共布了 2 条南北向探沟，试掘面积 60 余平方米，其中靠近锦江边的探沟（编号为 TG1）发现的遗迹、遗物最为丰富。

该遗址试掘区的地层堆积较为简单，仅有 3 层，其中第 3 层属于先秦时期遗存。试掘中清理的先秦时期遗迹单位主要为各类灰坑，还见有少量零散的柱洞，但由于试掘面积太小，柱洞间并无规律可循。灰坑 6 个，依形状可分为直筒状、锅底状、不规则状等。各灰坑的大小、深度有别，出土遗物的丰富程度也不尽相同，H4 和 H5 出土物最为丰富。H4 出土陶片近 100 片，并有局部磨制的石锛 1 件。H5 出土陶片数百片，石制品 10 余件。

遗物主要是石制品和各类陶器，多出自灰坑之中。

石制品 30 余件，依加工方法可以分为打制与磨制两大类，多以锦江河滩砾石为原料，就近取材加工而成。打制石器数量较多，主要有石片、砍砸器、锛、斧等类型。石片依台面的存在形式，主要为零台面石片，也存在少量的自然台面和有疤台面石片。砍砸器、锛、斧等工具多是以天然砾石为素材打制而成，以砾石石器为主，少见石片石器。工具修理疤痕粗大，显然是用硬锤直接打制修理而成的。斧、锛等工具修理最为精细，往往周身可见修理痕迹，使得器物形态趋于规整。磨制石器数量较少，以斧、锛等工具为主，大多呈长方形或梯形，无段无肩。磨制石器一般是在打制的基础上局部磨光而成，磨制的部位多集中在刃部和两个侧棱。通体磨光的石器标本虽也有发现，但数量极少。

陶器虽均系残片，但数量相对丰富，且不乏底部、口沿等。陶器大体上可以分为两大类，一类是夹细砂的黄褐陶和灰褐陶，数量较多，占陶器总数 90％以上。大多数有纹饰，纹饰多是细绳纹、交错绳纹等。器形以罐、豆类为主，可见少量的平底器、圈足器器底等。另一类为泥质黑皮陶，数量较少，以素面为主，器形主要有罐、豆等。此两种陶器多出自同一遗迹单位之中，当是属于同一时期的遗存。

该遗址地层堆积和遗迹单位较为单纯，所出遗物亦基本一致，属于同时期的遗存。从陶器所反映的面貌来看，与贵州乌江流域先秦时期遗址的出土物具有一定的相似性。相关的年代测定数据有 2 个（样品为木炭，均经树轮校正），分别为 1640BC（95.4％）1450BC〈采自第 3 层〉，1780BC（91.7％）1610BC〈采自 H5〉，均属于夏商时期的纪年范围，这与通过陶器类型学对比得出的结论是基本一致的。

（2）磨刀湾类遗存

磨刀湾遗址位于铜仁市以东约 2 公里的环北办事处鱼梁村鱼梁组北，处在锦江中游北岸一级阶地之上，是一处较为突出的半椭圆形台地，台地高出现锦江水面约 5 米。由于现代砖瓦窑长期在

磨刀湾遗址远景

磨刀湾遗址工作照

此取土烧砖，对遗址造成了非常大的破坏，经钻探证实，残存面积仅约 100 平方米，文化遗存主要分布在台地前缘的斜坡地带。2010 年 3 ～ 5 月，在遗址堆积较好的区域进行了发掘，发掘面积 60 余平方米。该遗址地层堆积可分 8 层，先秦时期的遗存主要包括遗址第 8 层及叠压其下的灰坑 1 个、灰沟 1 条，并发现一定数量的石制品、陶器等文化遗物。

G1 是遗址中出土遗物最多的单位，沟内堆积共分 3 层，出土遗物丰富，计有陶片千余片，石制品 18 件。第 1 层为浅灰褐色土，包含有炭屑及少量残碎陶片；第 2 层为灰褐色土，夹有大量的石块，出土较为丰富的石制品、陶器残片等遗物；第 3 层为浅黄色土，见有少量陶片，不含石制品。H1 叠压于第 8 层下，打破 G1 及生土。直筒状、椭圆形、直壁、平底。东西径 0.72、南北径 0.76、深 0.12 ～ 0.16 米。坑内堆积为黑褐色土，土质疏松。包含有少量的陶片，以素面夹粗砂灰褐陶为主。

先秦时期的遗物多出自第 8 层和 G1 之中，以 G1 为主，主要有石制品和陶器两大类。

石制品 21 件，除 2 件燧石石核外，皆以锦江河滩磨圆度较好的砾石为原料，可分为打制和磨制两种。打制石器 16 件，有石核、石片、断块、砍砸器、刮削器、锛等类型。石片数量最多，且多系零台面石片，背面全部或大部多保持自然面。加工较好的石器成品较少，多是以砾石为素材加工而成，石片石器较少。打制

磨刀湾遗址出土陶高领罐
（G1②：18）

的石锛周身多可见修理痕迹，朝着修理形态的方向发展，而并不十分关注对刃口的修理。磨制石器 5 件，多系局部磨光，类型有锛、锛毛坯、凿毛坯等，大多呈长方形或梯形，形态较为规整。皆无段无肩，均是在打制石器的基础上局部磨光而成，磨制的部位多集中在刃部和两个侧棱。

陶器火候较低，陶质以夹粗砂陶居多；陶色多不纯正，以灰褐、黄褐、黑褐等色占多数。多见素面陶，带纹饰者较少；纹饰以方格纹最为常见，其次为篦划纹，也有绳纹、线纹、弦纹、刻划纹（包括水波纹、几何纹等）、戳印纹等，但都较为少见。有时是数种纹饰同施一器，且成组分布。器形主要为圜底器，以罐类为主。

（3）笔架冲遗址

笔架冲遗址位于铜仁市以东约 3 公

磨刀湾遗址 G1 出土石制品

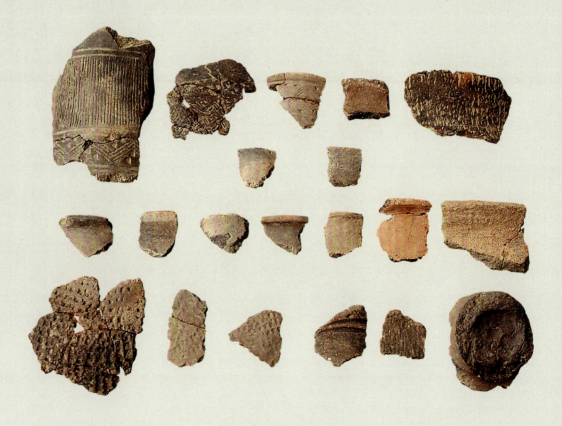

磨刀湾遗址 G1 出土陶片

里的谢桥镇大坳村笔架冲组蛤蟆口，处在锦江南岸一级阶地之上，是一处较为平缓的斜坡台地，大体上南高北低，高出现锦江水面5～7米，与磨刀湾遗址、纸厂陶器石器采集点隔江相望。2009年7月调查发现，遗址面积虽然较大，但由于20世纪80年代以来在遗址区内广植果树等原因，对遗址造成了非常大的破坏，堆积较好的区域仅200余平方米，且主要分布在靠近锦江的区域。2010年3～5月发掘，发掘面积300余平方米。

笔架冲遗址先秦时期的遗存包括遗址第9、10两层和H13。

H13叠压于第10层下，打破生土。锅底状，椭圆形，斜壁，斜底，南高北低。最大径0.55、残深0.05～0.1米。坑内填土为灰土，包含陶片、木炭渣等。

先秦时期的遗物主要有石制品、陶器等，以陶器为大宗。陶器均系残片，多夹砂陶，火候较低；陶色以灰褐、灰褐色为主，兼有部分红褐陶；纹饰主要为方格纹，其次为戳印纹，还见有篦划纹、刻划纹、弦纹等；器形主要见花边口沿罐、圜底罐类。从陶器来看，笔架冲遗址所出标本均见于磨刀湾遗址，二者文化面貌基本一致。

整体来看，磨刀湾类遗存与方田坝类遗存具有较大差异，陶器在陶质、陶色、纹饰、器形等方面均有不同，而与锦江下游湖南省境内一些西周时期遗址

笔架冲遗址远景

笔架冲遗址工作照

的出土物具有较多相似特征。笔架冲遗址的年代测定数据有 3 个（样品为木炭，均经树轮校正），分别为 1050BC（95.4％）840BC〈采自第 10 层〉、1000BC（95.4％）830BC〈采自第 10 层〉、900BC（95.4％）780BC〈采自 H13〉，也都属于西周时期的纪年范围。

本次发掘，是贵州省锦江流域首次进行的较为系统的科学考古发掘工作，取得了一些新的发现，尤其是不同遗址先秦时期遗存的发现，具有较为重要的学术意义，大致可归纳为以下几点：

第一，此次发掘清理了一批先秦时期的灰坑、灰沟等遗迹，并发现了较为丰富的陶器材料，为相关考古学文化的研究提供了新的资料。发掘出土的考古资料初步表明，锦江上、中游地区的先秦时期遗存在时代和文化面貌上的差异较为明显。处于上游地区的方田坝遗址，考古发掘中仅见有夏商时期的遗存，与黔东北乌江中下游地区的沿河黑獭遗址群、沿河洪渡中锥堡等遗址先秦时期遗存具有较多的相似性。从地理位置来看，锦江的上游源头也紧邻乌江流域，这种地理位置的邻近使得乌江中下游地区的古文化得以沿锦江而向东发展。而处于锦江中游地区的磨刀湾、笔架冲遗址，发掘中所见时代最早的遗存均属西周时期，与湖南西部地区以永顺不二门遗址商周时期遗存具有较为密切的联系，据初步调查这类遗存在贵州省锦江中游和湖南省锦江下游的麻阳、辰溪等县市发现十分丰富，且愈靠近下游，相关遗址的分布愈为密集，充分表明了在西周时期源自湘西地区的锦江下游古文化沿江西进的态势。上述这些新的发现为我们了解当时人类的生活习俗、文化面貌，以及贵州锦江流域考古学文化序列和文

笔架冲遗址第 9、10 层出土陶片

笔架冲遗址 H13 出土陶片

化类型的建立提供了重要的资料，也为下一步考古研究工作的深入开展打下了一定的基础。

第二，获得了一批锦江流域先秦时期的石制品材料，为深入开展先秦时期贵州境内不同区域石器工业类型的研究提供了新的资料。从已有的发现来看，先秦时期锦江流域的古人类多选用河滩自然砾石为原材料制作石器；以锐棱砸击法和锤击法打片，以锤击法修理石器；虽然打制石器数量丰富，但其中加工精细的大多都是斧、锛等磨制石器；同时，用打制的方法加工的石器中，尽管也发现有少量的砍砸器和刮削器，但其中加工最为精致的却是斧、锛、凿等工具及其毛坯，并且特别关注对工具形态的修整，而对刃口的修整则不十分关注。可见，当时人类制作石器的目的，已经摆脱了旧石器时代以来以生产砍砸器、刮削器、尖状器等为主要目标的石器加工模式，转而形成了以生产斧、锛、凿等木加工工具为主要目标，兼有少量砍砸器和刮削器的石器加工模式。这种石器工业转变的背后动因，主要是由于本地区农业生产和人工建筑普及而催生的技术需求，特别是人们为了长期在河流阶地上进行生产生活活动，需要大量的以木材为主体的房屋建筑，这就推动了木材加工业的兴起，反映在石器工业上，便是形成了以生产斧、锛、凿等木加工工具为主要目的的石器加工模式。

第三，如果从更大的范围考察沅江流域的古文化遗存，则可发现整个沅江流域的古文化遗存均有相似之处。贵州境内，属于沅江上游的重要干支流，除锦江外，还有黔东南的潕阳河、清水江等。相关调查和发掘表明，贵州东部清水江流域至迟自旧石器时代晚期开始，就存在与湖南西部沅江（特别是其支流潕水）流域相近的石器工业，属于典型的南方东部地区的砾石石器工业，而与贵州西部的石片石器工业形成鲜明对比；黔东、湘西沅江流域发现的旧石器，无论是在原料、器类、加工技术等方面均十分接近。同样，贵州东部清水江流域以坡脚、学堂背等为代表的新石器时代遗存，也深受湖南西部同时期高庙文化的影响，部分遗存甚至几乎与高庙文化完全一致，不但在石器方面具有明显的相似性，陶器方面也是如此，许多特征与高庙文化具有相似之处，特别是坡脚遗址所见的白陶，陶器上的戳印纹、兽面纹，罐、釜等陶器均可见高庙文化的影响。商周时期，也存在以天柱县江东溪口为代表的与不二门、磨刀湾商周时期遗存面貌接近的遗存。种种迹象表明，同处沅江流域的黔东、湘西地区的古文化当属同一文系统，他们又与峡江、鄂西地区的古文化具有密切的关系。因而，在贵州的这些地区进行工作和研究，就需要充分考虑湘西、峡江地区同期古文化的发现和研究状况，在一个更加宏观的范围内，考察贵州沅江流域古文化的自身特点。

（执笔 张政课 李 飞）

沿河和平小河口遗址

项目名称：彭水水电站建设工程
建设单位：重庆大唐国际彭水水电开发有限公司

遗址位于沿河县和平镇复兴村坝上组，处于乌江和小河交汇处南面的一级台地上。遗址现存面积数千平方米，分别于 2006 年 11 月、2008 年 4 月、2008 年 9 月进行了三次发掘，发掘面积 1000 平方米。

整个发掘区域文化层厚度在 2～2.3 米，可分为 7 层，第 2、3 层出土较多瓷片，以青花瓷片为多，应为明清时期地层；第

4、5 层出土较多青、白瓷片，应为宋元时期地层；第 6、7 层出土较多陶片，器形多为小平底罐，应为商周时期地层。文化层以商周层最厚，近 0.8 米。

共发现商周时期灰坑 5 个，宋元时期火塘 3 个，明清时期房屋 2 座、火塘 3 个、灰坑 1 个。除少部分器物出土于遗迹单位内，多杂乱出土于地层内。陶器器形以罐、尖底器、网坠为主；陶色为黑、灰、红、黄

遗址远景

地层堆积

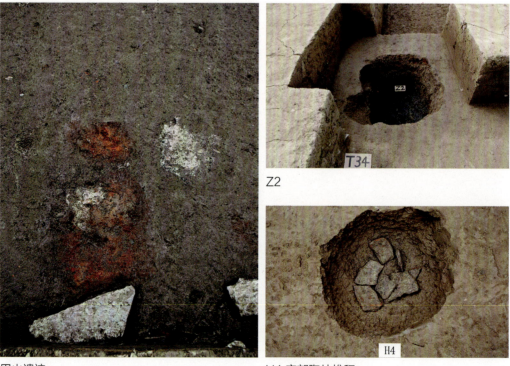

用火遗迹

Z2

H4 底部陶片堆积

F1

H19

褐等,以灰陶居多,也有不少的黑皮陶。陶网坠出土于第2～4层,第5～7层均未发现,瓷器多为碗,还有几件喇叭形高足器器底。石器除1件磨制石斧外,仅有磨制石料2件,其余为块状砾石。

2008年进行的两次发掘,地层与2006年基本相同,发现遗迹现象也多为沟、灰坑、灶。出土遗物也相同。

小河口遗址位于沿河县城附近,遗址时代在商周、宋元明清时期,其中以商周时期的发现最为重要,商周遗存地层内出土器物与成都十二桥文化出土器物十分近似,应属于巴蜀文化在贵州境内传播的重要地点,也是乌江流域目前发现、发掘的巴蜀文化在贵州境内分布的最远地点。

(执笔 胡昌国 杨 洪)

沿河黑獭神坝渡遗址

项目名称：彭水水电站建设工程
建设单位：重庆大唐国际彭水水电开发有限公司

2003 年，为配合乌江彭水水电站的建设，在电站水淹区调查发现了多处古遗址，其中以黑獭遗址群面积最大，该遗址群共包括黑獭堡、大河嘴、李家坪、木甲岭、神坝渡 5 处紧密相连的古遗址。

神坝渡遗址位于沿河县黑獭乡虎头村以北的乌江南岸，小地名叫神坝渡，属于乌江的一级阶地。2006 年 6 月，对该遗址进行了小面积试掘，2006 年 12 月～ 2007 年 1 月，对其进行了大面积发掘，两次发掘总面积 500 余平方米，取得了较为重要的收获。

遗址地层堆积较为简单，在现代耕土和明清文化层下即为商周时期的堆积。

遗址远景

工作照　　　　　　　　　　　　　　　　　　　　　　　　F1

由于发掘探方分属Ⅰ、Ⅱ两个区，地层堆积略有差异。Ⅰ区地层共分3层，其中第3层为商周时期文化层；Ⅱ区地层共分4层，其中第3、4层为商周时期文化层。

商周时期的遗迹主要包括灰坑5个、房址2座，另外还有一些零散的柱洞。灰坑大小、形制不一，往往仅出土有少量陶片。H4位于ⅡT5西北部，开口于第4层下，打破生土层。形状为不规则圆形，直壁，平底。坑口长0.75、宽0.65米，深0.18米。坑内堆积可分为2层。第1层为红烧土堆积层，厚0.02～0.08米，中间厚、两端薄，土质较硬。仅出土3块陶片，1块为蓝灰色夹砂绳纹陶片，1块为红褐色夹砂绳纹陶片，1块为橙黄色侈口罐口沿。第2层为灰土层，深0.02～0.08米，厚0.1～0.16米，土质较松。无包含物。

F1位于ⅠT9内，略偏西南部，开口于第2层下，打破第3层及生土层。呈东西长、南北宽的长方形，四角各有柱洞1个，基本为直角。F1东西长3.2、南北宽2.85米，面积约9.1平方米。居住面不明显，且由南向北倾斜度较大，可能为后期破坏严重所致。

F2位于Ⅰ区T10西南部及T9的东隔梁下，紧邻F1，二者属于同时期建筑遗存，具有密切的关系。其形状呈梯形，共由5个柱洞组成，总面积约4平方米，居住面不明显。

商周时期的遗物主要有石制品、陶器、铜器等。此外还发现一些残碎的动物骨骼。石制品仅有2件石片。原料均为硅质岩砾石，台面皆为零台面，打击点粗大，放射线明显，半锥体破碎。宽大于长，背面均为砾石面。陶器皆残碎。陶质以夹细砂者占绝大多数，夹粗砂者较少，泥质陶极少见。陶色多不纯正，以红褐色为主，因烧制火候不均，可细分为偏黄、偏红两大类，其次为灰褐色、蓝灰色。纹饰以方格纹最为常见，绳纹次之，另有少量刻划纹、压印纹、弦纹等。由于陶片过于细碎，无可复原器物，

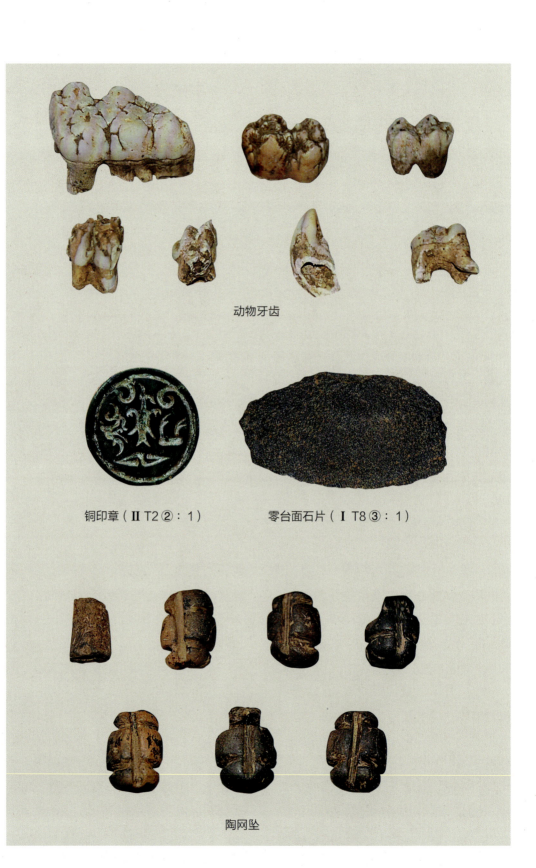

动物牙齿

铜印章（ⅡT2②：1）　　　零台面石片（ⅠT8③：1）

陶网坠

从口沿和底部来看，可辨器形主要有花边口沿罐、盘口罐、小平底罐等。陶网坠发现有8件，除1件为橄榄形外，余者皆为带凹槽的圆柱形系绳网坠。铜器仅发现1枚巴蜀图语印章，稍残，圆形，印背有用于穿线的钮。印面无文字，以阴刻手法刻划图案和符号，中部为一飞鸟图案，两翅伸展，头部有冠，作飞行状；鸟尾处有一倒S形图案；左右两侧图案不可辨识，或为草木一类。

此外，遗址中还发现有少量的动物遗骨，主要为牙齿和碎骨。碎骨多不可鉴定，大多尚未石化，少部分石化程度很轻。通过牙齿判断，动物类别主要为猪和鹿科。属于猪的有3颗臼齿，包括2颗乳齿，1颗恒齿，代表了2个幼年个体和1个成年个体；属于鹿科的有7颗牙齿，皆为恒齿，仅凭牙齿不能鉴定到种属，共包括4颗臼齿和1颗犬齿，另外2颗过于残碎难以辨别，鹿科动物遗骨至少代表了5个成年个体。

将神坝渡遗址主体堆积与其临近的大河嘴、李家坪、黑獭堡等遗址作对比，发现无论是地层堆积情况，还是出土陶片的陶质、陶色、纹饰等方面都基本相同，应属同一时期的文化遗存。这些遗址的出土物与重庆酉阳清泉邹家坝、涪陵涪溪口、忠县哨棚嘴、万州苏和坪等峡江地区遗址的出土物也有较多的一致性。不难看出，神坝渡遗址文化遗存的主体时代当为商周时期，与峡江地区的巴蜀文化具有较为密切的联系，反映了峡江地区古文化沿乌江向黔东北地区发展的态势。

（执笔 张改课）

贞丰鲁容沙坝遗址

项目名称：龙滩水电站建设工程
建设单位：龙滩水电开发有限公司

沙坝遗址位于贞丰县鲁容乡鲁容村沙坝组，处于北盘江东岸的一级阶地上，沙坝河与北盘江的交汇处。遗址基点地理坐标为东经105°47′17.3″、北纬25°25′39.7″，海拔380米。遗址面积超过1万平方米，堆积较好的区域面积超过5000平方米，遗址大部分处于龙滩水电站水淹区，2008年3～5月和2008年10月～2009年1月，对遗址进行了发掘，共分为4个发掘区，两次发掘共布探方37个，探方主要集中于遗址堆积最为丰富的东南侧。

遗址地层可分为7层，最深处距地表深1.75米，第1层为耕土，第2层为近现代堆积，第3层年代不晚于秦汉，第4、5层可早至商周时期，第6层可能

遗址远景

双肩石斧

不明用途石器

石斧伴出不明用途石器

早至新石器时代，第7层不见人类活动的痕迹。

在发掘区的西侧中部第3层下发现4座墓葬，皆为土坑墓，无随葬品，其中M1、M2、M3头向在70°～90°，即头向东，脚朝向北盘江，葬式为下肢弯曲，上肢折放于腹部。唯M4头向与其他3座相反，为284°，葬式为下肢弯曲，上肢折放于头部的两侧。4座墓葬几乎分布于一条直线上，似乎存在一定的规律性。

在发掘区东南侧，发现1座房址，开口于第1层下，共有3组柱洞，每组2个，从柱洞分布看，可能为窝棚类建筑，在其中1个柱洞出土1件灰陶器盖，可

修复，从陶质陶色判断，器盖年代应当晚于遗址的第3层堆积。

第3层出土陶片陶色有灰陶、灰褐陶、红褐陶，夹砂陶占多数，陶质坚硬，烧制火候高。可辨器形有敞口溜肩器、直口折肩器，器底有圈足器、镂孔圈足器、平底器（小平底）、带足器。纹饰有绳纹、细泥条附加堆纹、划纹、戳印纹，也有少量素面陶片，绳纹以交错细绳纹居多，细泥条附加堆纹可辨的纹饰有平行线纹、水波纹等，附加堆纹陶片多为花边口沿。划纹陶片出土不多，多为波浪形，从出土物看，多施于灰褐陶的表面。第4、5层出土陶片多数为红褐陶，少量灰褐陶，以夹砂陶居多，陶质较第3层陶片差，

第 3 层出土双肩磨制石器

第 3 层出土重肩磨制石斧

第 3 层出土不明用途石器

第 3 层出土双面凹坑砾石

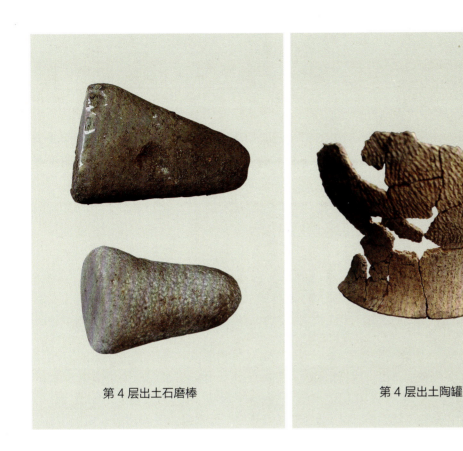

第 4 层出土石磨棒

第 4 层出土陶罐

器形单一，多为敞口束颈溜肩器，可能为圜底，纹饰以交错粗绳纹为主，也有少量细泥条附加堆纹。第 6 层未见陶片和磨制石器出土，仅发现少量打制石器，为小型砍砸器，此类器物在孔明坟新石器时代遗址出土较多。

第 3～5 层出土的双肩磨制石器数量过百件，双肩石器的形制有对称双平肩，不对称双斜肩，不对称双平肩，并有数件双重肩石器。伴出石锤、不明用途石器、砺石、石砧、石器毛坯等。

石锤材质一般较差，形状以长条形居多，也有扁平圆形。长条形石锤在周身分布有多个凹坑，扁平圆形石锤一般

在两个扁平圆面的中心有两个对称的凹坑，除凹坑外，其他部分并无明显的修整使用痕迹，由凹坑的直径和深浅可以看出，这类器物在使用时敲击的力度不大，所以打击点较为准确，所打击物体也应当较为细小。

不明用途石器整体为扁平的长方体，材料为硬度较差的砂岩，长度多在 20～30 厘米，宽度多在 10～15 厘米，厚度多在 5 厘米左右，有一个扁平面经过磨制，较为光滑，与之相对的另外一个面则往往密布修整时形成的小坑疤，加工方法可能为先打击修整后磨制修整。此类石器多数在两个长端的中间各有一个

乳突，少数石器一端的乳突已经磨耗殆尽，仅保留另外一个长端的乳突，有的在断裂后用作石锤。

砺石多为大小不一的扁平砾石，在砺石的扁平面上，有数个凹槽，为磨蚀所致，凹槽多平行，这类砺石的附近经常伴出磨制的双肩石器。其中1件砺石，扁平圆形，砂岩，硬度差，扁平面直径约10厘米，在两个面皆有数条磨蚀槽，这些磨蚀槽横截面略呈半圆形，宽约0.4厘米。在红水河羊里遗址也有此类器物出土。

石砧多为宽大扁平的砾石，使用面下凹，表面分布有均匀密集的小坑疤，边缘也往往分布有数量不等的凹坑，深度都在1厘米左右。

在第4层中清理出数枚完整的炭化果核，这种果核的残块在地层中分布十分普遍，某些带疤砾石的功用可能和果核的加工有关。

沙坝遗址第4、5层出土的细泥条附加堆纹陶片在拉它遗址的第6层和天生桥遗址的第5层也有少量出土，拉它遗址出土有双肩石器，也显示出其与沙坝遗址的文化面貌较为类似。先秦屈肢葬的发现在北盘江流域考古中尚属首次，与广西发现的屈肢葬可能存在联系，如此大量的磨制石器从地层中出土，在贵州境北盘江流域的发掘中还属首次，特别是与如此多的石器加工工具伴出，为研究双肩器的制造与使用提供了新的材料。沙坝遗址的发掘对明确先秦时期北盘江流域的居民族属有重要的意义。

（执笔 张兴龙 王新金 张政课）

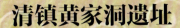

清镇黄家洞遗址

项目名称：中缅油气管道（贵州段）建设工程
建设单位：中国石油管道建设项目经理部

　　遗址位于清镇市卫城镇以东 1.5 公里的新桥村姚家寨前盆地内，东南遥望马鞍山，其东侧有甘河流淌而过。远看石丘呈竖立的弹头形，上端浑圆，下端粗大，近底部可见数洞，其中北侧和南侧的两洞相连，洞内宽阔；并见洞内的西侧横伸一小洞，向上延伸至石丘外，小洞洞口狭小；北洞侧另有一小岩厦凹进石丘内。

　　南洞宽 5.2、高约 3 米，西侧石壁上绘有红色岩画图案多幅，内容主要是人和马的构图。外侧有一面积约 30 平方米的台地，台地地表土质疏松，向下挖至深约 0.25 米可见褐色土，其内夹杂红烧土颗粒和炭屑，包含陶片和打制石器。

　　陶片采集 7 片，均为夹细砂陶，陶色有深灰褐色、褐色、浅灰褐色和浅黄褐色等，器表饰有较多纹饰是其突出特点，主要有粗绳纹、细绳纹、刻划波浪纹、戳印圆圈纹和篦点纹，以及细泥条附加

遗址远景

采集陶片

采集打制石器

采集打制石器

岩画

堆纹上压印锯齿纹，多种纹饰组合使用较常见。从已采集的陶片上至少可看出三种纹饰的组合：刻划波浪纹和粗绳纹、戳印圆圈纹和篦点纹、细泥条附加堆纹和戳印圆圈纹。陶片厚度在2～5厘米，不见口沿和底部形态的陶片，但从较大块陶片的弧度推测应有釜罐类器物。

石器采集10件，均为打制石器。原料为黑色燧石，质密，硬度较高。石器和部分石片多是用锤击法打片，其中石片6件，石片工具3件，疑似锥形器1件。石片工具都有第二步加工和使用痕迹，从形态分析，其特征与"细石器"有很大的相似性。3件石片工具都是刮削器，分端刃刮削器和边刃刮削器两种。第二步加工痕迹明显，其加工方式有指垫法和压制法。

黄家洞遗址所采集的陶片较零碎，陶片上所饰的戳印圆圈纹、附加堆纹和压印纹的特征既有北盘江流域所发现商周时期遗址陶片的特征，也包含有长江流域同时期遗址内所含有的文化因素。由此观之，作为珠江流域和长江流域古文化相互碰撞的地区，黄家洞遗址受到了两种文化因素的影响，它的发现将为我们研究这两个流域考古学文化的相互影响提供了新的资料。

（执笔 杨 洪）

第三章
战国秦汉时期

秦汉之际，贵州地区渐次被纳入秦汉帝国大一统的版图，汉文化随汉人进入今贵州腹地，形成了贵州历史上的第一次大开发，极大地促进了贵州腹地经济、社会和文化的发展，也为今天的贵州留下了大量秦汉时期的历史文化遗存，这在客观上又造成了贵州腹地土著文化的渐次消减和削弱。战国秦汉时期的遗存，主要分布在黔北、黔西、黔西南、黔中等地区，黔东南及黔南地区发现较少，这可能与汉文化的传入路线有关。

贞丰拉它遗址

项目名称：龙滩水电站建设工程
建设单位：龙滩水电开发有限公司

遗址位于贞丰县城东南 18.5 千米的鲁贡镇坡扒村拉它地，北盘江西侧与鲁贡河交汇处的一级台地上，台地现高出河床约 5 米，文化层分布范围东西长约 60、南北宽约 40 米。遗址东北侧紧临北盘江，受江水冲刷，破坏严重，边缘可见地层断面，部分陶片暴露于外。

2007 年 1～3 月，为配合龙滩水电站建设，对该遗址进行了发掘，发掘面积近 500 平方米。共清理先秦时期房址 1 座、墓葬 2 座、灰坑 5 个，出土有较多陶、石器和青铜器等文化遗物。这批遗迹和遗物的发现，为研究北盘江流域先秦时期考古学文化提供了新资料，具

遗址远景

遗址发掘场景

F2

有较为重要的价值。

遗址主要分布于台地靠江边的缓斜坡地上，南高北低，堆积以北面靠江一侧较为丰富。地层可分为6层，其中第1～4层为明清时期地层，第5、6层为早期地层。

根据层位关系和各层所出遗物的特点，可判定第5层属战国时期文化遗存，第5层下开口遗迹、第6层及该层下开口遗迹属商周时期文化遗存。

此次发掘遗迹有房址1座、墓葬2座、灰坑5个。

房址位于遗址的西南侧，占T2、T6局部，部分被压于T2东、北隔梁和T5、T6东隔梁下。开口于第6层下，打破生土。房址由5个直径0.4～0.55米的柱洞构成，不见基槽，可能为干栏式房屋结构。以单个柱洞中心点为基准，房址平面形状近长方形，东西长4.9～5.1、南北宽2.7～2.85米，面积约14平方米。柱洞深0.18～0.2米，洞内填有大小不一、数量不等的石块，单个柱洞内多则填放10余块。

墓葬皆为长方形竖穴土坑墓。其中

观摩陶片（左为四川大学罗二虎教授，右为时任考古所所长王红光研究员）

墓葬测绘

M1 位于 T15 东北部。方向 265°。开口于第 5 层下，打破第 6 层。坑口距地表深 0.6 米。墓口长 1.9、宽 0.62～0.64 米，墓底长 1.86、宽 0.58～0.61 米，深 0.15～0.18 米。人骨置于墓圹中部，保存一般，仰身直肢，面朝上，上肢骨平放身体两侧，桡骨及掌骨等向内弯曲，交叉放于盆骨上，双腿并拢。墓圹内填黑褐色花土，无随葬品。M2 西距 M1 东南角 2 米。方向 283°。开口于第 5 层下，打破第 6 层。坑口距地表深 0.63 米。墓口长 1.42～1.46、宽 0.4～0.54 米，墓底长 1.4、宽 0.36～0.54 米，深 0.12～0.16 米。人骨保存较差，侧身屈肢，仅见头骨和股骨等，面

向北，屈肢向南。墓圹内填黑褐色花土，无随葬品。

灰坑共发现 5 个，主要分布于遗址的西北部，形状呈圆形或不规则形，以圆形居多，普遍较小。H4 底部可见密集的红烧土，仅在开口于第 5 层下的 H6 和第 6 层下的 H4、H7 发现有遗物，特征与第 6 层所出陶片相同，应属同时期文化遗存。

出土遗物主要有石器和陶器两大类，以陶器为主，磨制石器次之。铜器较少，仅见 1 件铜镯。

石器数量较少。一般为通体磨光，多由石灰石磨制而成，个别由打制石片或扁长形卵石单面稍加磨制。以斧、锛类居多，另有少量凿，部分为双肩石器。

陶器均为较小碎片，无一完整器。第 6 层陶片较薄，陶质以夹砂陶为主，陶土中羼砂石颗粒，极少量泥质陶，泥质陶皆素面；陶片火候不均，部分陶片呈现表里陶色不一致，主要有表里皆灰褐色、内黄褐色外灰褐色及内红褐色外黄褐色等；陶色整体上以褐色为主，其中灰褐色最多，其次为黄褐色，少量黑褐色和红褐色，泥质陶多灰色。陶器均手制，有慢轮修整痕迹。纹饰均施于器表，有粗绳纹、中绳纹、细绳纹、交错绳纹、划纹、压印纹、戳印篦点纹、圆圈纹和细泥条附加堆纹等，且多种纹饰组合使

戳印圆圈纹陶片

磨制石器（斧、锛、凿）

商周时期陶片

用较常见，少量素面陶片。所出陶片皆较碎，从口沿、腹部和底部残片判断，可辨器形有平底、直口和侈口器等，不见圈足和三足器；器类有鼓腹罐，花边口沿罐，侈口罐，平底罐，直口杯，宽沿、折腹罐（釜）和网坠等。

第5层出土陶片较少，以夹砂陶为主，陶土中羼有石灰石颗粒。陶色以灰褐陶为主，少量红褐陶。纹饰以拍印方格纹为主，少量绳纹；陶器系泥条盘筑法手制，经慢轮修整，胎壁较厚，无完整器物，从口沿和颈肩部的曲率判断，器形可能为圜底器，不见三足和圈足器，器类有敞口宽沿圜底釜、网坠和陶丸等。

北盘江发源于云南沾益县乌蒙山脉马雄山西北麓，经滇东、黔西南，在贵州望谟县蔗香双江口与南盘江汇合后称红水河。有观点认为它们在地理上同属珠江水系，而文化面貌上也有诸多相似之处，如陶片特征和双肩石器皆与广西红水河流域部分遗址的文化面貌有一定相似性，与贵州其他地区遗址所揭示文化面貌却有较大区别，它们可能属于同一文化圈。

第6层出土陶器以夹砂陶为主，极少量泥质陶，陶色以灰褐色最多，其次为黄褐色，少量黑褐色和红褐色，纹饰均施于器表，以绳纹为主，戳印篦点纹和细泥条附加堆纹次之，少量划纹、压印纹和圆圈纹，且篦点纹、附加堆纹和压印纹常组合使用，唇部的花边应为拍印所致。不见完整器，从口沿、腹部和底部残片推测流行平底、直口和侈口器等，不见圈足和三足器，主要器形以罐类为主，有鼓腹罐、花边口沿罐、侈口罐、平底罐、直口杯和网坠等。石器主要有磨制的斧、锛、凿，以石锛为主，常见双肩石器，磨制精美，刃部锋利，部分刃部有使用痕迹，极少见打制石器。

第5层陶片明显较第6层陶片厚重，陶色、纹饰和器形也皆有较大区别，且第5层不见双肩石器，而出现了铜器，它们的时代应不同。第5层陶器以灰褐陶为主，少量红褐陶，纹饰以拍印方格纹为主，少量绳纹陶片；无完整器物，器类有敞口宽沿圜底釜、网坠和陶丸等。其陶器特征与坡们遗址第4层相似，坡们第4层出土

1件铜叉（Ⅰ T0206 ④：1），其形态与普安铜鼓山和广东罗定县背夫山战国墓同类器相似，圜底釜（T13 ⑤：1）与广东始兴白石坪山战国晚期遗址釜（87：17）形态相似，它们时代应相近。普安铜鼓山出铜叉的层位其时代为战国时期，广东罗定县背夫山战国墓时代定于战国早期，始兴白石坪山遗址为战国晚期。因此，遗址第5层所代表的时代应为战国时期。

在时代的判定基础上，以第6层为代表的商周时期遗迹现象仅有灰坑、墓葬和房址，房址仅存柱洞，不见基槽，结合沿江两岸的斜坡地势，推测它们的结构可能为干栏式房屋，此种形态的房屋在当地至今仍然存在。墓葬皆为土坑墓，葬式分仰身直肢和侧身屈肢两种，按屈肢葬谱系中的南方传统华南支系演变推测，开口于5层下的仰身直肢和屈肢葬墓葬的出现，其葬俗可能来源于红水河流域都安北大岭遗址的屈肢葬，这与屈肢葬从柳江沿红水河至北盘江而上的其中一个发展路径有关。

因此，拉它先秦时期遗址是北盘江流域下游地区的首次考古发掘，其出土遗物特点鲜明，与贵州西北地区、中部和东南地区遗址的文化面貌有较大区别，而与其南面红水河流域部分同时期遗址的文化面貌有诸多相似之处，这说明它们之间有文化交流或本身就属于同一大的文化圈。

（执笔 杨 洪）

习水官仓坝遗址

项目名称：仁怀至赤水高速公路建设工程
建设单位：贵州省公路局

2009 年 4～6 月，为了配合仁怀至赤水高速公路建设，在习水县土城镇调查期间新发现了官仓坝、黄金湾 2 处商周至秦汉时期的古遗址。2011 年 2～5 月，对仁赤高速公路施工区涉及的官仓坝遗址进行了抢救性发掘，发现了一批商周至战国秦汉时期的灰坑、墓葬等遗迹以及大批陶器、铁器、铜器、石器等珍贵文物，取得了重要的收获，为研究赤水河流域早期古文化的发展脉络和文化特征增加了弥足珍贵的新资料。

遗址位于赤水河西岸一级阶地之上，小地名叫官仓坝，行政隶属于习水县土城镇团结街。遗址中部有一条东西向的人工道路通往赤水河岸码头，以此道路为界，我们分别在道路的南、北两侧分

遗址远景

B 区部分遗迹

工作照

工作照

别进行了发掘，编为 A、B 两个发掘区，总计发掘面积 275 平方米。

从发掘情况来看，官仓坝遗址 A、B 两区地层堆积不尽一致。A 区地层堆积较厚，但遗迹、遗物不甚丰富；B 区堆积尽管遭到了较大破坏，但遗迹遗物相对丰富。A 区地层自上而下可以分为 7 层，其中第 6 层为汉代地层，第 7 层为商周时期地层堆积。B 区地层分为 4 层，其中第 3 层为汉代地层，第 4 层为商周时期地层堆积。A 区第 6 层与 B 区第 3 层一致，A 区第 7 层与 B 区第 4 层一致。

官仓坝遗址发现的遗迹均位于 B 区，

计有灰坑 7 座（编号为 H1～H7），墓葬 1 座（编号为 M1），分属于商周和汉代两个时期。

商周时期遗迹包括 H3 和 H7 两个灰坑。出土陶器以夹砂陶为主，泥质陶基本不见。烧制火候较低。陶色以红褐色为主，灰褐色次之。纹饰以细绳纹、交错细绳纹为主，还见有少量的附加堆纹、戳印纹、弦纹以及器物口沿部位的花边口装饰等。由于发掘面积有限，发现的遗存也较少，对于这一时期陶器器形的认识还非常有限，据目前掌握的材料，仅知可辨器形主要为罐类。总的来看，

M1

H3

这一时期遗存的主要特征与四川东部地区长江沿岸的商周时期遗存具有较多的一致性，特别是在陶质、陶色、纹饰等方面具有类似的特征，表明赤水河流域的早期文化，是深受巴蜀地区古文化影响的。

　　汉代遗迹主要包括 H1、H2、H4～H6、M1。以 M1 出土遗物最为丰富。M1 位于 BT1 中部，叠压于第 1 层下，打破第 2～4 层及生土层。系一带甬道、封门、墓道的砖室墓，平面呈凸字形。该墓封土不存，墓顶坍塌，根据现存形制及出土墓砖分析，应系先挖土圹，后

在土圹地面及四壁砌长方形墓砖，而后以子母口砖券顶，最后以剩余墓砖前置封门而成。该墓墓向东北（朝向赤水河），全长 5.1、宽 3.7 米。墓室呈长方形，长 3、宽 3.7 米；甬道呈长方形，长 1.4、宽 1.6 米；墓道呈台阶式，前部已被破坏，残长 0.7、宽 1.4～1.6 米；封门系用单排墓砖垒砌而成，上部已被破坏，长 1.6、宽 0.2、残高 0.5 米。墓砖均青灰色，墓室内不同部位所铺墓砖不同。铺地砖均为长方形，素面无纹，长 42、宽 17、厚 7 厘米。墓室壁砖均为长方形，仅在墓内可视部分的墓砖侧面装饰有纹

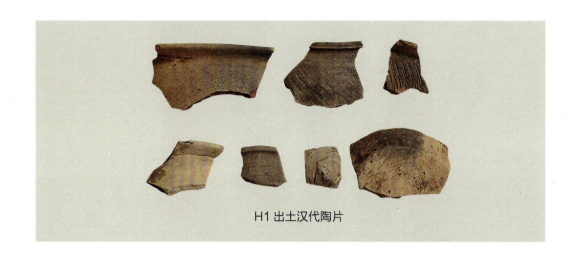

H1 出土汉代陶片

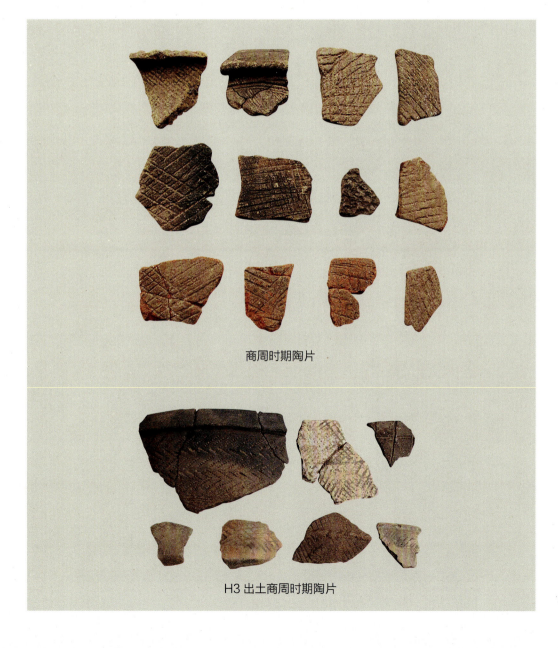

商周时期陶片

H3 出土商周时期陶片

M1 出土铜五铢钱（M1：17） M1 出土银指圈（M1：14 ～ M1：16）

M1 出土石器（M1：11、M1：12、M1：10）

M1 出土陶钵（M1：1） M1 出土陶钵（M1：2）

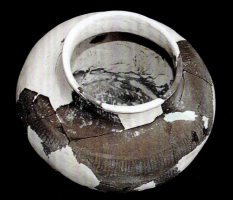

M1 出土陶平底罐（M1：3）

饰，纹饰为菱形纹、对称三角形纹的组合纹饰，一般长38、宽16、厚7厘米。墓顶为长方形带榫卯的子母口砖，墓内可视部分的墓砖侧面饰有对称三角形纹、同心半圆形纹、双圆连线纹的组合纹饰，分大小两种规格，一种形制规整，一般长42、宽16、厚7厘米；另一种为一头大一头小的小型子母口砖，此类小型墓砖主要用于墓葬券顶顶部。该墓曾经受到过严重的盗掘和破坏。在墓室两侧各有一个直径超过1米的盗洞，直通墓底。盗洞中出土陶器与墓葬中所出者无异，而未见晚期遗物，推测当是墓主人下葬后不久即被盗掘。墓内人骨凌乱不堪，难以区分，但根据墓内人骨的分布及墓室结构来看，其内至少存在2具人骨。其中右侧偏室中人骨保存相对较好，残存部分为未经移位的下肢骨，死者足部放置铁环首刀1件，周围还见有3件银指圈。由于墓葬受到严重盗扰，出土器物虽然较为丰富，但大多残碎不堪。主要包括钵、罐、瓮、豆、釜等陶器，砚、锛等石器，铁环首刀、银指圈、铜五铢钱等金属器。从该墓的形制和出土五铢钱特征来看，当属于东汉墓葬。

总体来看，官仓坝遗址中发现的汉代遗存数量丰富、种类繁多，具有明显的时代特色。如陶器中夹砂陶与泥质陶并存，陶器烧制火候高，制作比较精良，陶色以灰陶、灰褐陶、黑褐陶为主，纹饰常见粗绳纹、弦纹、方格纹等，主要器形包括高领罐、小口平底罐、平底罐、瓮、豆、釜等多种类型，这些陶器均具有典型汉代陶器的特征。

此次发掘，在有限的发掘面积中，发现了较为丰富的商周时期和汉代的遗迹和遗物，初步揭示出了贵州赤水河流域古文化的独特性和重要性，对于深入研究赤水河流域古文化的面貌及其发展过程都将起到重要作用。

（执笔 张改课）

贞丰天生桥遗址

项目名称：龙滩水电站建设工程
建设单位：龙滩水电开发有限公司

遗址位于贞丰县白层镇兴龙村，处于北盘江西岸的一级台地上，分布在木耳山山顶及周边。天生桥遗址于2004年进行考古调查时首次发现，属于龙滩电站水淹区范围。2005年对天生桥遗址进行了试掘，共布2条探沟和3个探方，出土了一批玉石器和大量陶片，以1号探沟出土最为丰富。2008年3～6月对遗址进行了发掘，共布探方59个，发掘面积1400平方米。

根据遗址地形共划分为三个发掘区：木耳山东区、木耳山西区、纳云河北区，其中以木耳山东区的地层堆积情况最好，出土遗物最为丰富，现以木耳山东区为例，将遗址大致情况介绍如下。

第1层为耕土层，土色为灰褐色。第2层分为两个亚层，土色均为灰色，土质疏松，第2B层较第2A层包含更多的风化石块，推测为形成年代相近、形成原因略有差异所致。该层分布于遗址高度较低的位置，为斜坡状堆积，越靠近江边，高度越低，堆积越厚，时代相当于明、清时期。第3层土色为浅灰色，土质致密，大多数探方都有分布。时代处于战国至汉代之间。第4层土色为褐色略灰，夹杂有大量风化石块，分布于地形较陡的几个探方内，其成因可能为滑坡所致。第5层土色为黄褐色，土质较第4层略显疏松，夹杂少量炭屑，较纯净，年代或许可早至春秋战国。

遗址发现遗迹很少，在第1层下发现3座墓葬，打破第3层，从出土物判断，其中1座可以确定为东汉时期墓葬。战国至汉代的遗迹仅有10座灰坑，特点为开口小且深度浅，出土遗物不丰富，多数仅出土数片夹砂陶片，推测可能为当时地面的自然小坑填积而成。

在遗址东区西侧有一条长约20米的岩厦，最深处约5米，岩厦下从晚期地层到战国一汉代文化层都有大量的陶片和石制品出土，推测岩厦在当时可能为人类居住或暂时栖居的场所。

第3层所出遗物有陶片、石器、铜器、骨器。陶片火候高，质地坚硬，多夹砂，以红褐陶、灰褐陶为主，陶片普遍较厚，部分陶片厚度超过1厘米，纹饰多为绳纹，其次为素面，再次为细泥条附加堆纹，陶器唇部的锯齿状压印纹非常普遍；可辨器形有罐、釜、钵等，器口以侈口居多，少量敞口和直口，器底多为圜底，

纳云河北区

木耳山西区

木耳山东区

遗址远景

少量带有圈足。石器可分为打制石器和磨制石器，磨制石器器形多为石锛，无肩，无段，小型石锛刃部多不对称。磨制石器刃部多残，完整器很少，石器以通体磨光为主，少量石器仅磨光刃部。出土饼状玉石芯、玉石环 10 余件，玉石芯为加工玉石环或玉石玦的废料。出土铜器 2 件，1 件长约 10 厘米，有不对称的刃部，器身有一直径约 0.5 厘米的圆孔；1 件为铜刀，通长约 8 厘米。出土骨锥 3 件，其中 1 件残长约 5 厘米，截面略呈三角形，器身有细线阴刻的纹饰。牙饰 1 件，有钻孔。

第 4、5 层出土陶片较薄，绝不见第 3 层中的厚陶片，火候较第 3 层陶片低，多夹砂，纹饰多为细绳纹，少量细泥条附加堆纹；可辨器形有罐、釜，多口器占多数，唇部的锯齿状压印纹普遍，显示和第 3 层所出陶片关系密切。石器以打制石器为主，磨制石器数量极少。第 5 层中出土人头骨 1 件，保存状况不好。

天生桥遗址第 3 层中出土的厚陶片与白层坡们遗址的典型陶片十分类似，很可能属于同一种考古学文化。第 4、5 层所出陶片在坡们遗址中不见出土。遗址的发掘为北盘江流域考古学文化的研究提供了新的资料。

（执笔 张兴龙）

玉器

石锛

石器

陶罐口沿

望谟水打田遗址

项目名称：龙滩水电站建设工程
建设单位：龙滩水电开发有限公司

遗址位于望谟县乐元镇里好村水打田村民组，北盘江北岸的一级台地上。为配合龙滩水电站建设，于2005～2006年对库区进行考古调查时发现。2007年3～6月，对遗址进行了发掘，依据遗址堆积因地势南面较厚、东北面较薄的情况，选择临近北盘江一侧的台地进行发掘，发掘面积1175平方米。

遗址的堆积可分6层，其中第1～4层属明清时期，第4层遭扰乱严重，内含少量瓷片和较多方格纹陶片，第4层下开口的遗迹有灰坑、灰沟、墓葬，第5A、5B层出大量方格纹陶片、陶网坠以及石网坠、铜器等遗物，为汉代文

遗址远景

地层堆积

H2

瓮棺葬石板墓（M1）

长方形竖穴土坑墓（M3）

化层；第 6 层出少量夹砂陶片，多饰绳纹，为战国时期文化层。

共清理墓葬 4 座、灰坑 8 个、灰沟 3 条和房址 1 座，其中属汉代的遗迹主要有墓葬（M1～M4）和灰坑（H2、H3、H5、H7）。

墓葬有瓮棺葬石板墓和长方形竖穴土坑墓两类。瓮棺葬石板墓 3 座，墓室所用石板均为当地产板岩，侧板及挡板紧贴墓圹，陶罐置于墓室内作为葬具，上覆盖板，罐内敛骨，自罐底向上依次为趾骨、股骨、盆骨、肋骨和头骨，罐内随葬有铜钱和铜手镯等装饰品。长方形竖穴土坑墓 1 座，直壁，平底，人骨保存较差，仅存股骨，葬式为仰身直肢，内无随葬品。

灰坑多不规则形，直壁，部分灰坑底部有红烧土烧结面。

出土遗物有陶器、石器、铜器、铁器、玉器和骨器等，以陶器为主，铜器和铁器次之，少量石器、玉器和骨器。陶器以泥质红褐陶为主，泥质灰陶次之，火候较高，纹饰主要为方格纹，可辨器形主要有罐，部分陶罐残片的器表有青

第 5A 层出土石网坠

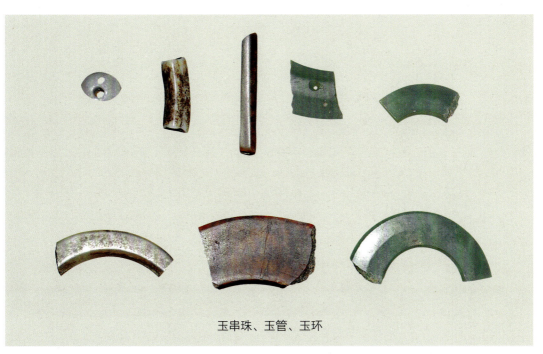

玉串珠、玉管、玉环

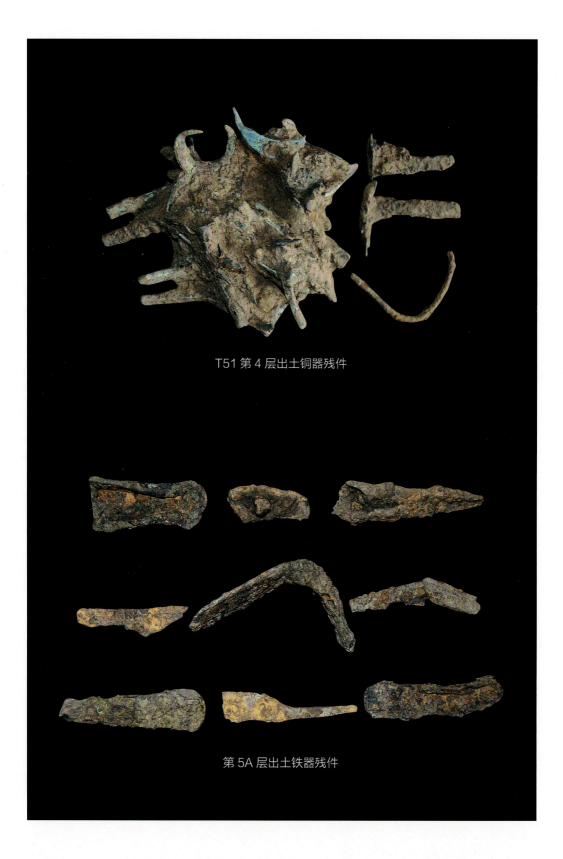

T51 第 4 层出土铜器残件

第 5A 层出土铁器残件

釉。此外，陶器还见纺轮、网坠和俑首等。石器皆为磨制石器，器类主要有斧、锛和凿；铜器主要有镯和箭镞，少量带钩、蒺藜、盖弓帽和鱼钩等；铁器主要为削，玉器有环和管状饰品，骨器则多为半成品，另有少量料珠和海贝。

从陶器的陶质、陶色、纹饰和器形等特征来看，其与广西岑溪市糯垌镇胜塘顶东汉墓所出陶器基本相似，时代应大体相当。北盘江作为珠江水系的上游，南邻广西，文化面貌上的相似性说明它们之间应存在一定的文化交流和影响。以陶罐作为葬具的这种瓮棺葬习俗，在东汉时期墓葬中极为少见，为探讨东汉时期的葬俗提供了新材料。遗址内出土大量的网坠，说明当时人们在江边的生计方式以渔猎为主；铜兵器的存在，反映了当时可能存在局部战争的可能。此

陶罐（M1:1）

次水打田遗址的发掘，极大地丰富了这一地区的汉代考古学研究资料，为探讨东汉时期该地区考古学文化之间的交流和文化自身的发展皆有一定的意义。

（执笔 杨 洪）

兴义阿红遗址

项目名称：晴龙至兴义高速公路建设工程
建设单位：黔西南交通建设发展有限公司　贵州省公路局

遗址位于兴义市万屯镇阿红村，堆积主要分布于阿红村所处盆地和周边缓坡、台地上，地处万屯汉墓保护区范围内。2009 年年初对晴兴高速公路建设用地进行考古钻探时发现该遗址。此次发掘面积约 800 平方米。遗址年代最早可到春秋战国，晚至汉代。

遗址地层因发掘区不同，差异较大，可以肯定，不同时期的人群对居址的选择发生过巨大变化。春秋战国时期遗存主要分布于缓坡之上，海拔相对较高，虽未发现房屋等遗迹，从出土的大量陶片和生产生活工具残片判断，为居址的可能性大。至汉代，人们的主要活动区由缓坡转向地势平坦的盆地，如此次发掘的新寨区，就位于地势较平的盆地边

发掘现场

缘，虽然也有两种类型的堆积，绝对年代应该为汉代前后。

战国时期遗存主要分布于大波湾发掘区，出土有陶器、石器、青铜器及少量动物牙齿、骨骼等，出土物文化性质单一。陶片大多数为夹砂陶，泥质陶数量少，质地较硬，火候较高，陶色不均匀，往往一块陶片兼有几种陶色，当为烧制时受热不均匀所致，总体来看，以灰褐陶和黄褐陶数量最多，其次是灰白色，红陶数量最少。陶片纹饰以绳纹最多，其次为划纹、方格纹，素面最少，另有极少量陶片饰席纹，时代应当较晚。陶片厚度差异很大，较厚者可达1厘米多，较薄者不到0.4厘米；较厚陶片多为素面或饰粗绳纹，夹粗砂；薄陶片多饰细绳纹，质地为夹细砂或泥质陶。同一块陶片往往厚度不均，初步观察，陶器内壁往往分布有圆滑凹坑，应为捏制陶器时手指所留，肩部以上，特别是口沿部分则厚度均匀，弧形齐整，推测当时的陶器制作工艺以手制为主，拼接后颈肩部至口沿使用慢轮修整。遗址出土大量陶器口沿，虽然大都比较破碎，但仍可辨别出陶器的一般特征，如高领器所占比例极大，多为方唇，直口和敞口器居多，另有少量子母口器形，确定的陶器底部极少，仅有1件平底器的器底，由此推测多为圜底器。石器多为穿孔石刀，皆残，与铜鼓山遗址出土穿孔石刀极为相似，另出土有1件砾石石锤，使用痕迹明显。铜器残片仅出土3件，皆残，除1件可确定为铜镯残段外，其余2件器形不明。动物牙齿可辨种属有鹿、牛等，以鹿牙最多，由此推测当时森林面积较大。此区未发现遗迹。

新寨区仅发掘100平方米，出土少量陶片，因数量较少，只能大致窥见其文化面貌，联系之前在黔西南地区所做的工作，可判定为早晚不同的两类堆积，早期堆积陶片特征为大敞口，方唇，高领，可能为圜底，与北盘江流域的坡们遗址、田脚脚遗址、绞贡地遗址中出土的部分陶片极为相似，应该代表一种未受汉文

青铜器残片　　　　　　　　　陶器口沿

陶片

化影响或受汉文化影响较小的土著遗存。晚期堆积出土陶片已不见方唇、高领等特征，汉文化的特征明显，所伴出的方格印纹陶，在这一地区为典型的汉文化陶片，年代应为汉代。

黔西南地区的春秋战国时期遗存主要位于高于盆地周边的缓坡之上，可见这是一种普遍的选址标准，其原因与自然环境和社会环境密不可分。自然环境方面，可能存在躲避野兽、洪水等多种可能性，社会环境方面则可能出于防御需要，普安铜鼓山遗址出土大量与青铜兵器冶炼相关的遗物，或可佐证这一观点。到汉代后，社会环境和自然环境的变化，以及人类抵御自然灾害能力的提高，古代居民逐步从高山迁向平坝。

阿红遗址水源充沛，地势平坦，遗址边缘缓坡台地众多，地理环境极为优越，一直到现在都是人口分布稠密地区。从遗址出土器物类型学比对结果分析，其与普

安铜鼓山遗址早期堆积极为接近，可以确定此遗址为"铜鼓山类遗存"，代表了一支还未知其完整面貌的考古学文化。

该遗址的发掘，联系之前在北盘江流域所做的工作，我们或可窥见商周以来黔西南地区考古遗存的大致框架：商周时期，这一地区出现了以直口、方唇、高领、圜底器为典型特征的一类遗存，以沙坝遗址晚期遗存和天生桥遗址早期遗存为代表，其主体民族可能为溯江而上的百越民族，或许也有自北方的氐羌文化因素；在战国时期逐渐演化为微敞口、方唇、高领、圜底器，即"铜鼓山类遗存"，这类遗存在黔西南地区地点非常多；秦汉时期，此类遗存发展为大敞口、方唇、高领、圜底器，坡们遗址、田脚脚遗址、绞贡地遗址、阿红遗址新寨区皆有此类器形，此类堆积或可称为"坡们类遗存"，在汉文化进入以后消失。

（执笔 张兴龙）

安龙纳万遗址

项目名称：汕昆高速公路贵州境板坝至江底段建设工程
建设单位：贵州高速公路开发总公司

　　龙广镇位于安龙县西南侧，东距安龙县城约30公里，西与兴义市郑屯镇和鲁屯镇相接，全镇大部分地区为地势开阔、水源方便的山间盆地，系安龙县境面积最大、自然环境最优越的地区。这种得天独厚的自然地理环境为人类的生存发展创造了良好条件，因而自旧石器时代起，人类即选择这里作为住所创造

出丰富多彩的历史文化，著名的安龙观音洞、七星洞等史前洞穴遗址即位于盆地东南侧。而在盆地周边地区的缓坡台地和石灰岩小山上，则分布有大量战国秦汉时期的聚落遗址。这些地区也是现在村寨的主要分布区，不少遗址部分与现村民住房叠压在一起。

　　20世纪90年代末，为配合夜郎考

遗址发掘区

古专题调查，省、县文物部门在龙广盆地中的小山上发现了纳万村营脚，柘苍村的上头营，小场坝村的坡院，佳皂村的小子营、大子营，七星村的七星山，板拉村（现为纳桃村）的磨雍营7处战国秦汉时期古遗址。2009年5月，在进行第三次全国文物普查时，又在龙广镇所在盆地中发现柘苍村的下头营、平寨包包，纳西村的纳西营盘，小场坝村的播落、大寨5处战国秦汉时期古遗址和大量明清时期营盘遗迹。使盆地中遗址数量达到12处，成为贵州境内在一个小区域内发现遗址最多的地区之一。

遗址分布有较明显的特征，一是位置高于现村寨，只有少数遗址与现村寨部分重叠；二是位于盆地中部或盆地边缘相对独立的小山上，这些小山上部基本上有明清时期的营盘建筑遗迹，许多山上营盘遗迹保存较好，围墙、门道、防御设施和营盘内的房屋遗迹均保存较好，部分遗址与山上建筑遗迹重叠；三是遗址所在地地理环境较为优越，水源方便，部分遗址如柘苍村上头营、下头营和平寨包包，小场坝村的坡院、大寨、播落和纳桃村的磨雍营等遗址相距仅数百米，已形成较为密集的村落。多数遗址位于较高的小山上，应与防潮和防御有关。

由于位于小山上，多数遗址面积在

发掘现场

公路建设部门领导和专家现场检查工作

0.5万～1万平方米，只有磨雍营、播落遗址面积较大，在3万～5万平方米。调查采集标本主要是陶片，陶片均夹砂，陶色以褐色为主，主要是灰褐色和黄褐色，纹饰主要是绳纹和方格纹，器形有敞口罐、平沿罐和高领罐等。在播落遗址山脚下的平寨组，村民修房时曾挖出青铜剑等文物。

纳万遗址位于安龙县龙广镇西北侧约5公里的纳万村营脚二组旁营盘山北侧山脚下。1997年发现，2008年5月配

遗址钻探

合汕昆高速公路贵州境板坝至江底段工程建设时复查，并对其进行了初步试掘，试掘面积 18 平方米，清理出灰坑、沟等遗迹，出土了釉陶片和夹砂陶片等遗物。2009 年 5～7 月，对该遗址进行重点钻探和发掘，其中钻探面积 3000 平方米，发掘面积 600 平方米。

遗址位于山脚，呈斜坡状堆积，村民长期生产劳作、开山采石等对遗址造成破坏，使遗址地层厚薄不一，最浅处仅 0.3 米，最深处近 2 米，遗址地层可分为 4 层，现以 T11 为例予以说明。第 1 层为耕土层，灰褐色，土质疏松，厚 0.06～0.15 米，包含树根、现代煤渣、瓦片、石头，南高北低均匀地分布于整个探方；第 2 层为浅灰褐色土，深 0.06～0.15 米，厚 0.1～1.95 米，夹杂有少量红烧土颗粒，有较多石头，出土瓷片及若干早期陶片；第 3 层为灰黑色土，土质较硬，深 0.2～0.95 米，厚 0～0.55 米，北部缺失本层，包含早期陶片，大部分为方格纹红褐陶

片；第 4 层为黄色黏性生土。

发掘共清理灰坑 14 个、沟 6 条、灶 1 座和大量零散的房屋柱洞。灰坑平面形状有圆形、椭圆形和不规则形等。灶坑位于 T20 西部，大部分在 T19 东隔梁下，打掉隔梁清理。Z1 开口于第 3 层下，打破生土。坑呈长方形，口大底小，坑壁斜直，无加工痕迹，底平。坑口长 0.7、宽 0.5、深 0.25 米，坑壁烧土胶结厚约 10 厘米，底部有一层厚约 10 厘米的木炭。沟均为长条状，宽窄不一，流向不一。

遗址出土物不多，主要是明清时期瓷片和战国秦汉时期夹砂陶片。明清时期瓷片主要出土在第 1、2 层，包含有青花瓷片和釉陶片，瓷器有碗、罐、瓶等。战国秦汉时期夹砂陶片多细碎，陶质夹砂，陶色以黄褐色为主，器表纹饰有方格纹、绳纹、弦纹等，器形有釜、平沿罐、折沿罐和长颈罐等。

从出土遗物分析，该遗址年代可大致分为两个时期：早期以第 3 层和部分

出土陶片

灶坑

灰坑

遗迹单位为代表，出土物主要是夹砂陶片，时代在战国至西汉前期；晚期以第1、2层和部分出土青瓷片的遗迹单位为代表，出土物除夹砂陶片外，还包括青花瓷片、釉陶片、残铁器等，时代在明清至近现代。

　　纳万营脚遗址受到严重破坏，但遗址中仍清理出灰坑、灶坑、沟和柱洞等遗迹，出土有陶片、瓷片等遗物，出土早期夹砂陶片，其陶质、陶色和纹饰与普安铜鼓山遗址较为接近，当属铜鼓山类文化遗存。它也是目前安龙龙广遗址群中唯一经过正式发掘的遗址，因而为探讨铜鼓山类文化遗存的分布范围、文化特征和地域性差异等提供了基础资料。

（执笔　张合荣）

赫章可乐廖家坪遗址

项目名称：赫章县可乐烟叶工作站综合楼新建工程
建设单位：毕节地区烟草公司赫章县分公司

遗址全景

遗址位于赫章县可乐乡农场村农场组廖家坪的一处缓坡台地上，高出可乐河约4米，南邻可乐河，与锅罗包、祖家老包隔河相望。遗址于2011年9月对赫章可乐烟叶工作站建设用地进行考古调查时发现，随即进行了试掘，2012年7～9月进行了抢救性考古发掘。

由于廖家坪遗址靠近可乐河岸，长期经受江水的冲刷及人工耕种，使遗址受到了较大的破坏，扰乱严重。遗址的整个地层由西北向东南倾斜。面积约3000平方米，本次发掘采取象限法，发掘总面积1000平方米。发现灰坑37个，沟11条，柱洞134个，灶3座，烧火遗迹1处。主要的文化遗物主要集中出土于第4、5层以及开口于第5层下的遗迹。在文化层中出土大量遗物，有石器、陶器、铜器、铁器等。

遗迹主要开口于第5层下，打破生土，主要有H1～H37、G1～G4、G8、G11，有少量的灰坑、沟开口于表土层下，时代为近现代。

根据对灰坑、沟、柱洞、灶、烧火遗迹等的初步研究，以及对出土的陶碗、陶罐、陶纺轮、陶网坠、砺石、铁器等生产和生活用具的研究，推定廖家坪遗址为一处居住遗址，时代在汉代。廖家坪遗址的发现与发掘，为研究和复原贵州汉代社会经济提供了更丰富的考古材料，有利于深入研究当时的居住形式、居住环境及生活方式，也丰富了可乐考古的材料，这是赫章可乐地区第一次比较全面揭露的居住遗址，具有重要的意义。

（执笔 彭万）

遗址远景

地层

H17

H19

H8

沟及柱洞

清理柱洞

赫章可乐 M373、M374

项目名称：赫章县可乐烟叶工作站综合楼新建工程
建设单位：毕节地区烟草公司赫章县分公司

可乐乡是黔西北乌蒙山东麓的一个山间盆地，位于赫章县西部，距赫章县城约 70 公里。可乐盆地约呈长方形，西北—东南走向，长约 3000、宽 300～400 米，海拔在 1700～1800 米。从西南方向流来的可乐河与从西北方向流来的麻腮河在盆地西部会合，向东流过盆地，流经赫章县城，最后汇入乌江主要支流之一的六冲河。在可乐盆地周围分布着一系列高 60～100 米的小山包，在可乐境内已发现的战国至秦汉时期的遗址和墓葬就分布在这些小山包上。

赫章可乐自 20 世纪 50 年代发现有战国秦汉时期的墓葬以来，相继开展过近十次调查和发掘工作，现已在可乐及周边地区发现墓群 10 余处，同期遗址数处。2000 年的考古发掘还被评为当年的全国十大考古新发现之一。到 2011 年止，可乐经过正式发掘清理的战国至秦汉时期的墓葬共计 372 座，其中：1960 年发掘汉代墓葬 7 座（M1～M7）；1976 年发掘汉代墓葬 2 座（M8、M9）；1977 年发掘汉代墓葬 47 座（M10～M56）；1978 年发掘战国至汉代墓葬 160 座（M57～

可乐墓地全景

M216）；1980 年发掘墓葬 10 座，资料未发表；1981 年发掘 20 余座，资料未发表；1988 年发掘粮管所汉代遗址，资料未发表；1992 年再次发掘粮管所汉代遗址，资料未发表；2000 年在锅落包和罗德成地共发掘墓葬 111 座（M262～M372）。

此次清理的 M373、M374（延续 2000 年发掘编号）位于可乐乡农场村农场组，妈可（妈姑至可乐）公路北侧约 50 米处，处于之前发掘点祖家老包的东部边缘。2 座墓葬并列，相距不到 5 米。20 世纪 70 年代修建农场组至妈可公路的乡村便道时将其破坏。2012 年当地拟扩建该乡村便道，为防止墓葬在工程建设中被进一步破坏，2012 年 8 月对这 2 座墓进行了抢救性清理。

M373 为长方形竖穴土坑墓。墓向 170°。开口于现代路面下，打破生土，其开口层位堆积已被破坏，呈南高北低。墓口长 2.5、宽 1.1～1.3 米，深 0.95～1.7 米。墓壁陡直，墓底南宽北窄，基本

M373 发掘工作照

M374 发掘工作照

M373 清理完毕照

M374 清理完毕照

水平。墓坑深 0.3 米以上的填土土质较杂，以下土色变得较为纯净，为红褐土，颗粒较为均匀，其中包含大量均匀分布的红烧土颗粒。可乐土壤偏酸性，墓内的葬具、人骨架等大部分都已朽坏，仅保留部分残片或痕迹。在墓内出土的铜釜上发现有少量木块，木纹显示为顺墓坑方向纵向摆放，在墓坑左侧发现一块长约 0.6 米的板灰痕迹，根据这两处遗迹现象推断墓葬应该使用木棺。葬式为仰身直肢葬，人骨架腐朽较严重，仅保留部分颅骨、下颌骨、牙齿、肋骨和脊椎等，人骨架位于墓葬的南部中央位置。M373

为铜釜"套头葬"，铜釜侧置于墓坑的头端，在釜内口沿位置发现 1 件铜发钗，在距釜沿 5 厘米左右发现颌骨，颌骨处在铜釜的口沿外，在额骨下面发现有 1 件铜发钗，由此推测铜釜不是将整个头部罩住，而是如帽子般套于墓主人头顶。在铜釜内部发现有纺织物痕迹，应为包裹在头部的饰物。

M374 为长方形竖穴土坑墓。墓向 174°。开口暴露于路边斜坡坎上，打破黄色生土层，由于被修路破坏，墓葬上部的大部分填土被削去，北端墓圹已损毁，填土暴露于路边堡坎脚断面

陶杯（M373：71）

骨玦（M373：34 ～ M373：36）

串珠（M373：50）

铜扣饰（M373：3）

铜铃（M373：5）

铜鍪（M373：1）

M373 出土铜铃

上。在墓的西北角发现一个盗洞，直径约0.6米。墓口残长3.5、宽2米，墓底残长3.5、宽2～2.1米，深1.2米。坑壁陡直。墓内填土为红褐色黏土夹杂黄色黏土，含红烧土颗粒及少量炭屑。墓底四周有东、西、南、北四道沟槽，东、西沟槽长3.5、宽0.16～0.21、深0.12～0.13米；南、北沟槽长1.35、宽0.06～0.12、深0.04～0.05米，四道沟槽相互连接，四面围住中间棺痕，沟内填土与墓内填土一致。墓内填土混杂若干棺木碎片，墓底有棺痕，推测其葬具为木棺。死者牙齿及骨渣散布于填土中，被严重扰乱，无法了解其葬式。遗物大部分发现于填土里，墓底只有少量几件。但墓内的填土纯净，红烧土颗粒均匀分布，也未见到晚期遗物，且部分人骨碎片也出土于填土中，因此初步

认定填土里的遗物应为原来墓里的随葬器物，因盗扰所致被散布于填土当中。

M373虽然被修路所破坏，但墓内遗物并未受到影响，该墓共出土各类遗物72件（套），是目前为止可乐乙类墓中出土遗物最为丰富的一座。计有陶器、铜器、铁器、骨器、漆器、串珠、海贝、玛瑙等。M374虽然早年被盗扰，仍在墓内填土和墓底出土各类遗物20余件（套），计有铁器（残片）、铜器、钱币、玉器（残片）、琉璃珠（蜻蜓眼）、漆器、串珠、玉石环等。

此次发掘的2座墓葬处于之前发掘点祖家老包的东部边缘，2座墓葬均为长方形竖穴土坑墓，墓向一致，墓内出土器物的风格基本相同。M373与可乐已发掘的"乙类墓"中的套头葬在墓葬形制、规模以及墓内填土等方面都基本相同。

但在出土的器物方面，一些新的器物类型此次还是首次发现，如铜人面扣饰、大铜铃、大铁叉、琉璃珠以及一些小铜饰挂件等。在器物组合方面，M373 也是目前在可乐发掘的"乙类墓"中最为丰富的一座。M374 虽然早年被盗，出土器物较少，但其墓葬规模是可乐已发掘的"乙类墓"当中最大的一座，与当地的汉式墓规模基本一致，同时在墓底四周兴建四道沟槽的情况也是首次发现，说明至少在墓葬形制方面，它已经初步借鉴了一些汉式墓的特征或是文化因素。

从出土器物上看，M373 内出土的器物，如陶杯与《赫章可乐二〇〇〇年发掘报告》（以下简称《报告》）中 M338：1 完全一致，铜釜则与《报告》中 M274：86 一致，铜鍪又与《报告》中 M277：2 同型。同时这两座墓的出土器物中与云南同期滇文化墓葬内出土的器物也具有较大的相似性，如 M373 出土的 2 件陶杯与《昆明羊甫头墓地》中 M328：24 完全一样，人面形扣饰又与《昆明羊甫头墓地》M309 内出土的扣饰风格比较接近。在《报告》中将 M277 划为二期，即战国晚期，M338 和 M274 划为三期，即战国末期至西汉前期，而 M328 则属于昆明羊甫头墓地分期的第四期，即公元前 109 年至西汉末。同时 M373 内还出土了铁器如铁叉、环首刀、削和锸，在一座墓葬中出土 4 件

铁器在可乐墓葬中算数量比较大的，像环首刀应是较为典型的汉式器物。通过以上的对比分析，初步断定 M373 的时代在西汉前期至西汉中期。而 M374 因被盗扰严重，出土的标型器少，由于墓内出土的遗物如串珠、铜铃、铜挂饰等与 M373 基本一样，且两座墓相隔不到 5 米，开口层位和墓向也一致，应视为同一时期。

2 座墓出土的人骨保存极少，据中山大学人类学系李法军教授鉴定，M373 为幼儿个体，年龄在 4～5 岁，性别不能确定。M374 为成年个体，年龄在 18～20 岁，性别不能确定。

从 M373 和 M374 两座墓葬中出土的器物和墓葬形制上看，其与可乐墓地"乙类墓"的风格完全一致，应属于具有强烈地方土著文化因素的"乙类墓"。但从 M374 的规格以及 M373 墓内出土的器物如环首铁刀等器物来看，其又吸收了一些"甲类墓"（汉式墓）的文化因素。从墓葬规格和出土的器物数量看，同时对比以往发现的墓葬资料，推断此次发现的这 2 座墓的墓主人身份应该很高。从出土的器物种类和数量看，装饰品最多，说明当时的"可乐人"极其爱美。这次发掘的 2 座墓，墓葬形制特别、出土器物较多、器物类型丰富，器物组合超越了以往的发现，具有重要的意义。

（执笔　吴小华）

务川大坪汉墓

项目名称：石垭子水电站建设工程
建设单位：贵州遵义中水水电开发有限公司

20世纪60年代，务川江边一带在当地百姓修路、淘沙等活动中始有铜蒜头壶、铜箭镞、汉砖等遗物发现。后经调查，确定系一处汉墓群，并于1982年2月公布为省级文物保护单位。1987年11月，贵州省博物馆考古队在江边、官学一带清理汉墓6座，出土铜钵、铜耳环、陶罐、钱币、朱砂等物。之后，该地又不断有铜蒜头壶、钫壶、镜等遗物发现，部分被县文物管理所征集，多数则流散民间。

2004年7月，为配合石垭子水电站的修建，对电站水淹区进行了考古调查，在江边一带又新发现汉代遗址2处，并对其中1处进行了小规模试掘，出土卷云纹瓦当等遗物。2007～2010年，经国家文物局批准，对江边一带的汉墓群先后展开两次大规模发掘，共计清理墓葬47座，汉代窑址2座，获各类遗物500余件（套）。其中24座汉墓出土有朱砂，这是大坪汉墓最为重要的发现之一。

47座墓葬含土坑墓25座、岩坑墓4座和砖室墓18座。墓葬形制有长方形、刀形和凸字形三种。所有墓葬发掘前均未在地表发现封土，部分墓葬之间存在叠压打破关系。土坑墓的分布相对集中（仅土地包一地就有16座），规模偏小。岩坑墓规模与土坑墓相当，形制相同，仅墓穴系凿风化基岩而成。砖室墓分布较为分散，规模均较大，多数早年即遭盗扰。普遍用子母榫砖券顶，用长方形花纹砖垒壁，用长方形花纹薄砖（其厚度为长方形花纹砖之一半）铺地，仅个别墓葬无铺地砖。

墓向以东北—西南向为主，共36座，约占墓葬总数的77％；少量为西北—东南向，共11座，占墓葬总数的23％。由于洪渡河在该段为东北—西南向（大约40°），山脉由河谷向两侧延展，所以，东北—西南向的墓葬与河流的走向基本一致，为顺河而葬；西北—东南向墓葬表现为顺坡而葬，而略与河流垂直。早期墓葬的墓向以顺河者为主，顺坡者较少，由早及晚，顺河者渐少，顺坡者渐多，该地汉墓的墓向经历了一个由顺河渐向顺坡的变化。墓葬方向是祖先崇拜和灵魂信仰的表现之一。大坪墓地多数墓葬的方向与洪渡河流向一致，尤其是早期墓葬多顺河而葬，应是富有寓意的，可能与祖先的来路存在某种关联。

墓地一隅

多数墓葬尸骨无存，少数保存有遗骸的墓葬多为多人葬，内葬 2～3 人。如 M33 内并排放置 3 具遗骸，M20 内乱骨分属于 2 个个体。少数墓葬发现葬具痕迹。M31 内朽木痕呈十字交叉，部分器物被其叠压，由此推知，部分器物应与墓主一起盛于棺内。M33 内发现大块的朽木痕迹，应系葬具残迹。部分墓葬发现大面积漆皮痕，似亦为葬具痕迹。M29 墓底即分布有大面积布痕与漆皮痕，铜摇钱树等遗物出其下，可能为葬具残痕。

因多数墓葬均遭盗扰，多数随葬品被挪移原位，其放置未发现一定规律。但在 24 座墓葬底部发现朱砂，占墓葬总数的 51% 强，这是此次发掘最为重要的发现之一。朱砂或呈颗粒状，或呈粉末状，多成堆与钱币混出铺撒于墓底，也有成罐放置于墓底者（M39、M45）。颗粒状者如玉米粒或胡豆大小，最多一

墓（M39）出土 250 余粒。砖室墓中多见颗粒状朱砂，而土坑墓多粉末状者。这种撒朱砂于墓底的葬俗，在中国境内新石器时代以降至汉代的墓葬中屡有报道，多认为其系宗教用物。结合大坪当地民俗的调查，我们对墓底撒朱砂的葬俗可以提供两种可能的解释：① 宗教用途：当地阴阳先生在现今的丧葬活动中仍偶用朱砂，其所起的作用据称可"呼龙接脉"。阴阳先生认为朱砂是一种浑然天成的灵性之物，在一处风水不佳的地势，投以朱砂，可沟通地气，将好的龙脉引过来。② 财富象征：当地朱砂采冶之风至今仍盛，百姓或在河床中淘细沙，或在矿洞中盗掘汞矿，用以炼水银出售，他们对朱砂和水银有着很深的认识。当地民间认为最值钱的几种矿物质和金属依次为朱砂、水银、黄金、铜、锡，朱砂列首位。而结合朱砂在墓中常与钱

陶俑

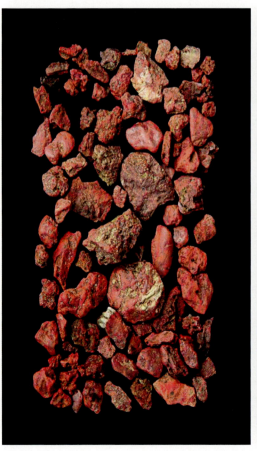

朱砂

陶辟邪摇钱树座

币混出的实情，不能排除将之撒在墓中作为财富象征的可能性。

此次发掘的墓葬分布有一定规律。土坑墓主要分布在近河处田间隆起的土堆上（如土地包、坟堡、棒子），4座岩坑墓均分布在帽顶（调查中还在帽顶发现早年露头并已遭受破坏的岩坑墓五六座），砖室墓则散布各地。河东泡桐树被壕沟半环的一组5座墓葬格外引人注目。沟（编号G1）残长44、宽1.25～3.25、深0～1.25米，其西侧坡下M6、M24、M25、M28、M29呈对称分布，其中M28、M29为土坑墓，余为砖室墓。沟内出土砖屑、瓦砾等遗物，知其年代应与墓葬同时。沟呈弓形，横坡分布于墓葬东侧坡上，推测系用以隔断从山顶泻下的山洪。5座墓葬因被沟半环而成为一个整体，它们很可能是一组家族墓葬。

发掘共获各类遗物500余件（套），有陶器、铜器、铁器、料器等，以陶器为大宗，铜器次之。半两、铜蒜头壶、铜鍪等遗物仅在土坑墓和岩坑墓中发现，而砖室墓中普遍流行陶俑、陶房屋模型、陶水塘模型和铜摇钱树等。

由于绝大多数器物出土时残破严重，均须进行修复，目前仅修复其中百余件，尚无法对出土器物的全貌获得完整的印象，下面仅遴选已修复器物中的重要者简介如下。

陶器有罐、洗、瓮、盆、甑、釜、钵、蒜头壶、瓶、盒、豆、陶胎漆耳杯、魁、井、三角、俑、房屋模型、碓房模型、水塘模型和摇钱树座等，约占出土遗物的90％。以泥质灰陶居多，鲜有纹饰。其中蒜头壶、陶胎漆耳杯、部分房屋模型、陶俑和摇钱树座很有特点，是贵州南部的汉墓所不见的。陶胎漆耳杯，仅M34就出土近20件。系用细腻泥土烧制而成，复于器表用红色颜料（疑为朱砂）绘制云气纹等图案，极为精美。耳杯大小不一，下葬时应成摞放置。刻鱼陶洗1件（M17：4），泥质灰陶，折沿，弧腹，平底。腹部饰三道凸弦纹，并堆塑对称铺首一对。洗之内底以阴线刻鱼一尾，刻出鱼鳍、鱼鳞等，栩栩如生。饰鱼铜洗在两汉时期较为常见，此器物应系仿铜器而造。陶蒜头壶1件（M14：21），泥质灰陶，口呈蒜头状，鼓腹，瘦高领，平底，故名。领部饰两道凸弦纹。若铜蒜头壶可能为外来之物，则此件陶蒜头壶为本地制造无疑。陶三角1件（M17：12），泥质灰陶，其造型与当地民间使用的铁三角无异。陶摇钱树座4件，或作钟形，或作兽形。M29树座上塑一怪兽呈熊形。M13所出者为辟邪座，辟邪似狮，身披羽翼，头出角，昂首作奔走状，背有圆柱形插座，以置铜质钱树。该神兽身形硕大，造型威严优美，是十分难得的艺术精品。两汉时期的玉辟邪并不鲜见，而陶、石质辟邪钱树座目前见诸报道的并不多。陶俑数量颇多，多数砖室墓均有出土。分动物俑和人物俑两种。动物俑有鸡、狗、猪等，鸡分子母鸡和公鸡。人俑有侍立俑、说唱俑等。陶俑体量均较小，多数遗有合范痕迹，知其是用刻范翻模而成，足见生产之多，运用之广。陶房屋模型在多数砖室墓中均有出土。由底座、墙体、屋顶构建而成。有的在正面有可闭合的门，有的有立柱等装饰，有的于两侧山墙设窗户。一组仅有半边房顶的陶屋模型极具特色。陶碓房模型由底座、立柱、顶板和脚碓组成。立柱呈蹲坐猿猴状，底座中央设一脚碓，有碓窝。陶水塘模型在多数砖室墓均有出土。方形盘状，于"盘"中放置泥塑鱼、蛙、龟、飞鸟等。

铜器有蒜头壶、蒜头口扁壶、洗、鼎、鍪、镜、带钩、印章、俑、车马残件、摇钱树残件等。多数铜器出土时均残破，目前还未对其进行修复。铜蒜头壶在该地以往出土较多，多已流散，部分被务川县文物管理所收藏。此次仅出土1件（M23：6），形制与M14内出土的陶蒜头壶相似，高圈足。铜蒜头口扁壶1件（M31：7），蒜头口，壶身扁平，圈足，壶底外侧有一环。铜洗1件（M9：1），敞口，折沿，深腹，弧壁，平底。腹部饰四道凸弦纹，并设铺首一对。铜鼎1件，出自M16中。破损较甚，圆鼓腹，蹄足，附耳。铜鍪5件，均残破较甚，鼓腹，高领，圜底，肩有双耳，一大一小。个别腹侧有方柄，当为"温鍪"。印章共发现3枚，均较小。其中2枚为桥钮方印，印文锈蚀不清。1枚为桥钮圆印，状如铜权，上白文小篆一"鞅"字，可能系墓主之名。铜镜1件，系早年自M32中盗掘出的，经修复完整。三弦钮。钮座外凸饰卷草纹一周。直径16、缘厚0.4厘米。铜摇钱树在3座墓中发现残件

（M13仅见陶辟邪树座，未见铜树），M10、M29中的保存相对较好，其中M10内出土的一段钱树干上装饰有一尊佛像，佛像保存较好，结跏趺坐，左手提衣襟，右手施无畏印，顶有肉髻，高鼻大眼，面容丰润，着右衽圆领衣，其纹理清晰可见。

铁器较少，有釜、锤、环首刀等。M16出土的铁釜器形硕大，直口，圆鼓腹。M32内出土的1件铁器，状似陀螺，中有一长方形穿，应为铁锤。

料器多为耳珰，较小，亚腰形，系耳上装饰。

由于发掘资料正在整理中，目前尚难对其有全面、客观的认识，仅通过地层学、标型器以及与周边材料比对等方法，对这批材料的年代作出初步分析。

根据地层学的理论，被叠压或打破的墓葬，其相对年代早于叠压或打破它的墓葬。第一，M1、M6、M8均为砖室墓，被其打破的M14、M31、M26、M29等均为土坑墓，这表明土坑墓的年代普遍早于砖室墓。第二，M16、M27为带墓道的土坑墓，被其打破的M35、M26为长方形土坑墓，这表明带墓道的土坑墓年代普遍晚于无墓道的长方形土坑墓。第三，M33为带墓道的岩坑墓，结合墓内出土的莽钱可推知，墓葬年代应在两汉之交，被其打破的M36为长方形岩坑墓（这一情况与前述第二点认识是吻合的），其年代早于M33，即不晚于两汉之交。基于此，我们认为岩坑墓整体的年代大约在西汉末东汉初。通过地层学的证据，我们可以得出这样的认识：墓

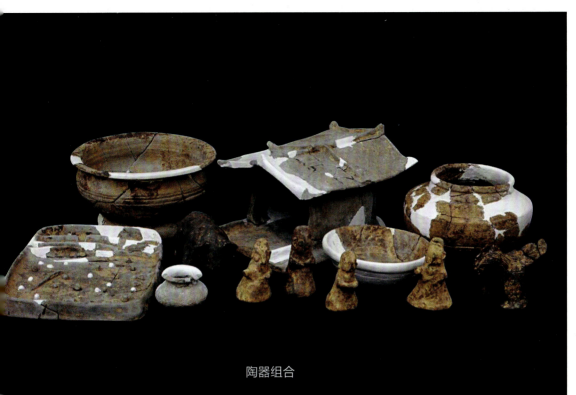

陶器组合

青铜器

葬形制大致经历了由长方形土坑墓→带墓道的土坑墓（凸字形或刀形）→砖室墓的演变历程，岩坑墓的年代大约在西汉末到东汉初的两汉之交，砖室墓流行后土坑墓仍在继续使用。

这批墓葬出土的钱币有半两、五铢、莽钱和无字小钱等四种。半两是战国时秦所使用的货币，秦并天下后，用作全国的统一货币。《史记·平准书》称该币"重如其文"，钱币史上称之为"十二铢半两"。汉初，各种半两继续流通。武帝元狩五年（前118年），开始铸五铢钱，面文为"五铢"，重如其文。西汉末年，王莽摄政，发行莽钱，种类繁多。建武之后继续行用五铢，一直到唐开元通宝的发行。M16、M19等土坑墓中均发现半两，M33中出莽钱"货泉"，其余出钱币的墓葬则多见五铢。

M14、M23、M31等墓葬中发现铜蒜头壶或陶蒜头壶。蒜头壶是秦文化的典型器物，其最早出现于战国晚期的秦墓中，后随秦的统一战争传播到全国各地，目前在关中、河南、江陵、岭南、西南等地均有发现。关中为秦故地，而河南、江陵、岭南、西南等系秦占领后的移民区，故均有该器发现。至西汉中期，蒜头壶便基本消失。目前所见的包括蒜头口扁壶在内的蒜头口铜器，其年代均在西汉早期。

铜錞5件，分别出自M4、M14、M23、M30、M31，均出自长方形土坑墓。以往曾发现2件，现藏务川县文物管理所。研究表明，錞于战国早期起源于巴蜀，

是巴蜀文化的典型器物。战国中晚期秦灭巴蜀后进入关中，并被改造为秦器随秦的统一战争向各地扩散。秦至西汉中期，是铜錞发展的鼎盛时期。

摇钱树是东汉至三国蜀汉时期在当时益州刺史部范围内流行的一种极具特色的树形冥器。其分布区域涉及四川、贵州、云南、陕西和青海五省，以四川的分布最为集中，这里似乎一直是钱树的生产中心。目前已知最早的钱树实物是云南昭通出土的建初九年（84年）石摇钱树座，最晚的是云南保山延熙十六年（253年）蜀汉墓出土的钱树座。而带佛像的摇钱树出现的时间可能略晚，目前已知最早的带佛像钱树出自丰都延光四年（125年）砖室墓内，其流行的年代约自东汉中期至蜀汉时期，即2世纪至3世纪中叶。此次发掘在M5、M10、M29三座墓中出土铜摇钱树残件，M13内发现陶辟邪树座，未见铜树。M10钱树干上有佛像一尊，与前揭丰都所见者如出一辙，则其年代应基本相当。以上4座墓葬除M29为刀形土坑墓外，余均砖室墓，由于墓中出土摇钱树，则这4座墓葬的年代应不早于东汉早期。

上述四种器物的年代涵盖了两汉时期，这表明发掘的墓葬年代也应在此范畴之内，即自西汉早期至东汉晚期。

大坪汉墓新的考古发现表明，至迟在西汉初年，务川境内就已有人群在从事着朱砂开采的活动，且历两汉而不衰。从实物资料所反映的文化面貌看，这个人群更接近于峡江地带的同时期人群，

他们极有可能就是由峡江逆乌江及其支流而上进入务川一带的。而朱砂这种在当时十分重要的资源，可能是吸引这一人群向西移动的关键。朱砂的开采，可能带动了当地经济和文化的繁荣。东汉中晚期，摇钱树以及带有佛像的摇钱树在该地区集中出现，这种巴蜀文化圈所特有的地方性文化遗物，充分反映了当地居民的精神信仰。而且，这尊佛像，可能是贵州境内目前所发现的最早的佛教造像。

除大坪的汉墓和遗址外，务川境内所发现的汉代遗存尚有县城汉墓、镇南汉墓群及遗址、泥水汉墓群等，是黔东北汉代遗存最为集中的地区。这样的分布格局表明此地在两汉之际不同寻常的地位，当是汉文化向黔中渗透的一个桥头堡。黔东北一隅汉代建置沿革尚不明了，这批遗存是深入探讨这一问题的重要资料。此外，从贵州的普遍情况看，汉文化进入一地区，是以该地区已有的文化传统作为基础，经过逐步碰撞与融合，最终占据主导的。赫章可乐、威宁中水诸地的例子便是最好的注脚。换言之，其传播的前提是一地早有人群的活动。但目前在务川境内，尚未发现西汉或更早时期的土著遗存。因此，未来在务川开展的考古工作，除关注汉遗存，关注朱砂的开采与人群移动之间的关系外，还应进一步寻找当地同期或更早的土著遗存，探讨其与汉文化间的互动关系。

（执笔 李 飞）

贞丰浪更燃山石板墓

项目名称：龙滩水电站建设工程
建设单位：龙滩水电开发有限公司

　　墓群位于贞丰县鲁贡镇平乃村坝社组，地处北盘江与坝社河相交处的一片缓斜坡地上，西北距贞丰县城约24公里。该地属北盘江下游，河面开阔，沿河山坡矮缓，墓葬就分布在坝社河北岸的浪更燃山半山腰至山脚一带。

　　为配合龙滩水电站的建设，2007年1～3月对贞丰拉它先秦时期遗址进行了发掘。在发掘期间对遗址周边地区进行大范围调查，在北距拉它遗址约3公里处发现了浪更燃山墓地。墓地所在山坡因常年雨水冲刷，地表植被已不存，在冲刷出的浅沟壑处可见零星方格纹陶片，部分石板墓的盖板也暴露于地表。鉴于墓葬遭破坏较严重，2007年5～6月遂对该墓地进行了抢救性发掘，共清

墓地远景

理 65 座石板墓，部分墓葬内出土陶、铜、铁、银、玉等不同质地的随葬品。通过发掘，初步厘清了这批墓葬的形制和葬俗等方面内涵，这为探讨贵州古代民族的考古学文化和埋葬习俗提供了新资料。

这些石板墓的形制具有较明显的地域特点，皆为竖穴土圹式，墓室所用石板均为当地所产板岩，侧板及挡板紧贴墓圹，上覆盖板。依石板墓所用葬具、葬俗和形制的差异，可分殓骨盛于陶罐内的瓮棺葬石板墓和以石为棺的长方形石板墓两类。其中，18 座瓮棺葬石板墓较集中分布于墓地西部，47 座长方形石板墓则多分布于墓地中、东部，这两种形制的墓葬未见叠压或打破关系。

瓮棺葬石板墓共 18 座，以不规则石板在墓圹内砌成墓室，其内平放陶罐作为葬具，陶罐内殓盛尸骨，罐上以数块小石板或倒扣陶罐加以覆盖。墓底部有的铺整块石板或卵石，有的则直接裸露原生沙石土，其中铺石板和卵石的各 5 座，以原生沙石土为底的 8 座。瓮棺葬石板墓规模均较小，多数墓圹长 0.4～1 米。墓室周边的石板紧贴陶罐，呈方形或不规则形，多数墓室仅够容纳单个陶罐。罐内随葬铜牌饰、铜镯和铁带钩等器物，并可见股

墓地局部

墓地局部及墓葬测绘

双室合葬瓮棺葬石板墓（M49）

瓮棺葬单室墓 M64 下部

长方形石板墓（M14）

骨、肋骨和头骨等人骨残块，均无灼烧痕迹，其葬式为二次捡骨葬。依墓室形制、葬具数量和摆放形态的不同，分双室合葬墓和单室墓两类。

双室合葬墓仅1座（M49）。位于墓地西北部，在表土层下即露出陶罐局部和周边的数块石质小盖板。墓圹平面呈长方形，墓向301°，四周用不规整的薄石板砌成墓室，长1.93、宽0.9、深0.64米；在墓室中部横立一块大石板而形成双室。整个墓室打破原生沙石土，其内填黄褐色沙土，底部未见铺石。双室内分别放置1件陶罐，罐顶部用数块石头垒砌呈拱形。陶罐受填土挤压已开裂，

其内积满淤土，2号罐内随葬铜镯、铜牌饰等装饰品。2件罐内皆发现有人骨，其中1号罐内有头骨和股骨，股骨斜放在罐内底部，头骨置于其上，头盖骨开裂成3块；2号罐内可辨认有股骨和头骨。人骨保存较差，性别不明。从罐内人骨种类和摆放形态可判定为二次捡骨葬。

单室墓共17座。主要分布于墓地西部，部分墓壁石板已暴露于地表，打破原生沙石土。墓圹平面呈多边形或方形，以方形居多，紧贴墓圹周壁用不规整石板砌成墓室，底部有的铺卵石或整块石板。保存较好者在墓室内平放陶罐作为葬具，部分罐内还发现有小件随葬品。

M46、M48、M64 三座墓葬保存较为完好；其余 14 座墓葬保存较差，其中 6 座在墓室内可见陶罐残片，有 3 座不见陶罐的墓葬中残存玉玦、铜镯、铜钱等随葬品，另 5 座墓葬中不见陶罐和任何随葬品。虽然以上墓葬中有 8 座未发现作为葬具的陶罐，但根据它们的墓室形制仍可判定为瓮棺葬石板墓。墓顶形态分两种，一种例如 M46、M48，直接在陶罐上垒砌小石板；另一种例如 M64，是在盛殓尸骨的陶罐上再倒扣一个口径与其大小相似的陶罐，在倒扣的陶罐顶端覆土掩埋，陶罐的颈部多发现有穿孔。

长方形石板墓共 47 座。开口于表土层下，大部分在地表已暴露出墓壁顶端。墓圹直接挖建在原生沙石土中，直壁，平底。紧贴墓圹用不规整的石板砌出长方形墓室，长 1.4～2.13、宽 0.36～0.7、深 0.1～0.25 米；墓室底部有的铺石板或卵石，其中铺石板的 26 座，铺卵石的 4 座，其他墓葬底部则直接暴露原生沙石土；墓顶覆盖石板。有 8 座墓中发现了人骨，保存都较差，性别不明，葬式皆为仰身直肢，不见葬具痕迹。墓葬方向多接近于南北向。

大部分墓葬中未见随葬品。长方形石板墓中，有 10 座出土有随葬品，种类包括铁带钩、铜带钩、铜镯、绿松石珠和银指环等。瓮棺葬石板墓中，有 8 座出土有随葬品，种类包括铜镯、铁带钩、陶纺轮、银指环、货泉钱、铜牌饰和玉玦等；而在墓室内发现陶罐的共 10 座，其中陶罐保存较好的 4 座（M46、M48、M49、M64），

在 M49、M63 和 M64 的陶罐内发现铜镯、铜牌饰、银指环等装饰品。

陶器的数量不多，种类也较单一，仅见罐和纺轮。铜器数量亦较少，均为小型器，主要是装饰品，有手镯、带钩、铃和牌饰等。其他出土器物主要有铁带钩、银指环、玉玦、绿松石珠、铜钱等。

贵州境内石板墓的分布主要在以贵阳、安顺为中心的黔中地区和兴义为中心的黔西南地区居多，迄今已发现逾 20 处墓地。研究表明，黔中地区的石板墓年代偏晚，主要在宋明时期，墓葬形制多样，装饰繁缛；黔西南地区的石板墓年代偏早，约在汉晋时期，墓葬形制单一，人体装饰从简。其中，黔西南地区的石板墓以贞丰浪更燃山墓地和兴义万屯老坟山墓地为代表，它们的发掘为了解贵州石板墓的时空分布提供了新资料，由此我们也取得了一些新的认识。

长方形石板墓内未见葬具痕迹，从其墓室长 1.4～2.13、宽 0.36～0.7、深 0.1～0.25 米推测，墓葬规模较小，墓室内可能原先就没有其他葬具；随葬的不同质地的带钩、镯、指环和牌饰等装饰品的年代特征不明显。而瓮棺葬石板墓内作为葬具的陶罐，其大口、唇沿下垂、深腹和腹部方格纹上戳印方框纹等特征，与广西部分汉墓出土的陶罐一致，以 M49、M64 为代表的瓮棺葬石板墓的年代应为西汉晚期至东汉早中期。

对于瓮棺葬石板墓年代的推测，在出土的铜钱上同样可以得到印证。瓮棺葬石板墓出有 2 枚铜钱，分别为"五铢"

陶罐（M46：1）

陶罐（M49：1）

陶罐（M48：1）

陶罐（M64：2）

陶罐（M49：2）

和"货泉"。M42出土的"货泉"为王莽时期的钱币，始铸于天凤元年。M19出土的"五铢"与《洛阳烧沟汉墓》所划分的Ⅲ型五铢形态相似，应为东汉早期铸造。因此，M42的年代当不早于天凤元年（14年），M19的年代则应晚于东汉光武帝建武十六年（40年）。

作为时代大体相当的两类墓葬，长方形石板墓的葬式为仰身直肢一次葬，而与其并存的瓮棺葬石板墓为二次敛骨葬。这两种不同葬式的墓葬何以并存于同一墓地，或许可以从实行二次敛骨葬这种特殊葬俗的原因来加以推测。大致有如下几种可能性：一是对"凶"死者采取的一种葬俗；二是对已故亲人的思念，因居址迁移，不忍心抛弃故人，便将其带入新住地二次埋葬；三是宗教信仰或祖先崇拜的一种表现，如《墨子·节葬下》载："楚之南有炎人国者，其亲戚死，朽其肉而弃之，然后埋其骨，乃成为孝子"。我们倾向于第一种可能性较大。

浪更燃山石板墓地所处的北盘江下游地区，河面开阔，沿河山坡矮缓，古代居民的生计方式可能是以渔猎为主。在与该墓地隔江相望的水打田遗址也发现有形制相同的瓮棺葬石板墓，作为葬具的陶罐器形相似，罐内随葬钱币和铜镯等装饰品的葬俗也相同，它们应属于同一人群的墓葬，在水打田遗址内发现有大量形态各异的网坠，也印证了当地以渔猎为主的生业方式，另在水打田遗址还有蒺藜、箭镞等兵器出土，或许反映出当时此地曾发生一定规模的战争。

此外，学术界对文献中记载的"牂牁江"有诸多考证，观点莫衷一是。牂牁江的称谓最早见于《史记》，《西南夷列传》载："牂牁江广数里，出番禺城下，……夜郎者临牂牁江，江广百余步，足以行船"。《南越列传》则载："元鼎五年秋，卫尉路博德为伏波将军，出桂阳，下湟水，……使驰义侯因巴蜀罪人，发夜郎兵，下牂牁江，咸会番禺"。有观点认为狭义的牂牁江仅指临近夜郎一段，即北盘江下游地区；广义的牂牁江则泛指自夜郎直达番禺，即包括北盘江、红水河和西江至珠江一线。如以上推测无误，至少可说明北盘江当属牂牁江范畴，且至迟到春秋时期，它们之间有着一定关联。从拉它遗址的发掘资料中可以看出，早在商周时期，上述与"牂牁江"可能存在联系的地区，在文化因素上存在某些相似之处。

据《汉书·西南夷两粤朝鲜传》记载：成帝河平二年（前27年），牂牁太守陈立诛夜郎王兴，兴妻父翁指挟兴子邪务收余兵，胁众反叛，陈立率军攻灭。由此观之，夜郎国当被灭于西汉成帝河平年间。而浪更燃山墓地的年代在西汉晚期至东汉早中期，其所代表的文化应属于夜郎国被灭之后的人群。这里所出陶罐的形制以及葬俗等方面，与属于夜郎国时期土著民族的可乐墓地也截然不同，它们应该是不同时期人群所留下的考古文化遗存。

（执笔 杨 洪）

黔西甘棠汉墓

项目名称： 黔西火电厂建设工程
建设单位： 贵州西能电力建设有限公司

黔西自 1972 年 3 月发现汉墓以来，贵州省博物馆、贵州省文物考古研究所陆续在黔西县林泉区野坝、罗布垮，甘棠乡高坡、熊坡、朝阳人队，绿化乡人海子等地共清理汉墓 27 座，出土各类遗物数百件，并根据出土遗物判断黔西汉墓的时代为西汉晚期至东汉晚期。2005年 5～6 月，为配合黔西火电厂施工建设，对黔西火电厂建设区域内的汉墓进行了清理发掘，共发掘汉墓 10 座。

墓葬主要分布于甘棠乡红星村瓦窑、松林、三角村杨家寨和城关镇双星村、石园村附近小丘陵中的较平缓地带上，周围地势较为开阔。多为两三座墓葬聚集在一起。由于早年盗扰和耕作的破坏，多数墓葬封土已不存在。出土遗物多寡不一，多者几十件，少者几件。10 座墓葬按结构可分为土坑墓和石室墓两种。

土坑墓共 4 座，墓内填土均为黄色黏土，土质较松软。未发现葬具痕迹，葬式不详。按平面形状可分为长方形、刀形两种。

长方形竖穴土坑墓 3 座，编号为M35、M36、M37。

M35 封土已被削平。墓口距地表深0.65 米，长 4.64、宽 3.7、深 1 米。墓向96°。在墓室偏东北角处发现几颗人牙。随葬品有陶罐、单耳罐、豆，铁釜、削，铜带钩、顶针，银指环，石黛砚，琉璃耳珰、珠等。

M36 封土近圆形，最长 8.3、最宽 6.1、残高 1 米。墓口距地表深 0.5 米，长 7、宽 5.4、深 1.5 米。墓向 90°。随葬品有陶罐、鏊、甑，铁刀，铜釜等。

M37 封土已被削平。墓口距地表深约 0.3 米，长 4.42、宽 4.2、深 0.7 米。墓向 20°。墓室中部发现一处扰坑。随葬器物有陶罐、盂、灯、仓，铁釜、簪，铜鏊、碗、钩形器，琉璃耳珰，琥珀挂饰等。

刀形竖穴土坑墓仅 1 座。M31 封土已被削平。墓口距地表深 0.25 米，墓室长 4、宽 3.4、深 0.6 米。墓向 180°。墓室后壁发现盗洞一处。墓道位于墓室东南部，略呈斜坡状，长 1.4、宽 1.32、深 0.6 米。随葬品有陶双耳罐、甑、钵，铁刀，铜鏊，银指环，钱币等。

石室墓共 6 座，均使用不规则长方形石料砌筑，石料内面均经过修整，未使用任何黏合剂。墓内淤土为黄色黏土，土质松软。多未发现人骨及葬具痕迹。

M30 全景

M30 全景

M37 全景

按平面结构可分为长方形和刀形两种。

长方形单室墓2座，编号为M32、M33。

M32被破坏。墓室残长3.06、宽1.68、残高0.64米。墓向175°。随葬品有铁环首刀、簪，铜饰片、泡钉，钱币，另有陶罐残片等。

M33封土已被削平，墓口距地表深约0.2米，长5.2、宽2.3米，墓室长4.3、宽1.55、高1.5米。墓向233°。券顶，无封门石，墓室后壁中部向内凹，呈半弧形。铺地石为不规则薄石板，墓后部约1.2米无铺地石。随葬品有陶人物俑、镇墓俑、水田模型、罐、釜、瓮、圈、母鸡、马头、马鞍、房屋模型、铜铺首、泡钉、摇钱树残片、镜，钱币，铁抓钉等。

刀形单室墓4座，编号为M28、M29、M30、M34。

M28封土近圆丘形，直径6.5、残高0.8米。墓口长6.3、宽2.4米。平面呈刀形，券顶。甬道偏在墓室西南部，券顶略低于墓室券顶。墓室长3.1、宽1.94、高2.04米，甬道长1.58、宽1.36、高1.4米。墓向250°。无封门石及铺地石，墓室后端用石块相隔，石块间用土夯筑有二层台，高0.8米。随葬器物仅有陶鍪、铜顶针、钱币和陶罐残片等。

M29封土近圆丘形，直径6、残高1.1米。墓口长6.1、宽2.4米。平面呈刀形，券顶。甬道在墓室东北部，券顶略低于墓室券顶。墓室长2.82、宽1.62、高1.76米，甬道长1.28、宽1.22、高1.56米。墓向130°。单层封门，铺地石为不规则薄石

M30 随葬品出土情况

板，墓室南壁有用石条砌筑的二层台，二层台略斜，一侧微向内凸，最高0.64米，前端至墓室转角处有石砌小二层台，高0.22米。随葬器物有陶罐和五铢钱等。

M30墓顶已坍塌，平面呈刀形，顶残，甬道在墓室东北部。墓室长3.44、宽1.73、残高1.2米，甬道长1.36、宽1、残高1.2米。墓向60°。无封门石，仅在甬道内有铺地石，铺地石为不规则薄石板。墓室两侧各有边箱一个，均为薄石板垂直插入地下，底部铺有不规则薄石板，未发现有盖板。东侧边箱长1.97、宽0.62、高0.23米，西侧边箱长1.98、宽0.38、高0.24米。墓室后端有石块相隔并用土夯筑的二层台，高0.22米。随葬器物有陶罐、人物立俑、镇墓俑、井、仓、甑，铁环首刀、环首锯，铜珠、钱币，银手镯、挂饰、带钩，石砚、珠，漆盘，另有陶罐残片等。

M30 随葬品出土情况

M36 随葬品出土情况

M37 随葬品出土情况

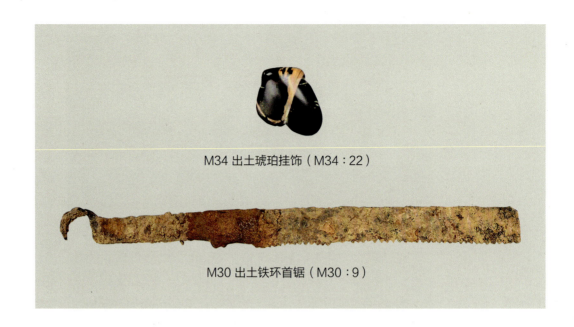

M34 出土琥珀挂饰（M34：22）

M30 出土铁环首锯（M30：9）

M34 封土近圆丘形，直径 7.4、残高 0.65 米。墓口长 6.8、宽 3 米。平面呈刀形，券顶残。甬道在墓室西北部。墓室长 3.52、宽 1.85、残高 1.25 米，甬道长 1.56、宽 1.44、残高 0.74 米。墓向 360°。铺地石为不规则薄石板。随葬器物有陶罐、鍪、单耳罐，铁刀、环首钎、削、铲，铜带钩，银指环，石黛砚，琉璃耳珰，另有陶罐、陶钵残片及漆皮痕迹等。

此次发掘的 10 座墓葬共出土遗物 120 余件，其中陶器完整或可复原者 50 余件，均为泥质陶，以灰陶为主，夹少量砂砾，质地较硬。纹饰有绳纹、戳印纹、刻划纹、方格纹、菱形纹及凹弦纹。器形有瓮、罐、釜、豆、灯、甑、钵、俑、模型等。铁器共 19 件，有釜、刀、锄、削、锯、钎等，均锈蚀。铜器有鍪、釜、碗、铺首、泡钉、带钩、夹子、顶针、珠、摇钱树残片和镜等。钱币有货泉、五铢钱等 321 枚。另有银器、琉璃器、石器和琥珀器等 26 件。

此次发掘的墓葬，形制与黔西县以往发掘的墓葬基本相同，如 M28 与 1973 年发掘的 M22、M25、M26 的形制相同，但也有部分墓葬形制上有别于黔西以及贵州以往发掘的汉墓，如 M29、M30、M31 的形制在以往贵州汉墓中少见。通过对墓葬中出土随葬器物的分析可知，虽然有土坑墓和石室墓的形制差别，但出土器物基本相同，我们认为这两类墓葬时代基本相同，为东汉中晚期。

黔西从地理位置看比较靠近四川，黔西汉墓出土器物和四川汉墓出土的器物形制相似，如虎形带钩、镇墓俑等。因此，这批汉墓的发掘，对研究汉代文化在贵州境内的交流、融合，以及发展、传播都有着重要的意义。

（执笔 胡昌国）

沿河洪渡汉墓

项目名称：彭水水电站建设工程
建设单位：重庆大唐国际彭水水电开发有限公司

洪渡位于沿河县西北边陲乌江西岸，东与重庆市酉阳县毗邻，北靠彭水县，西抵务川县。洪渡河与乌江交汇处的洪渡镇，属乌江中下游。2004年为配合彭水水电站建设对电站淹没区进行了调查，在洪渡镇的四方石、金竹林、大坝田、李家田、王沱和斜岩等地发现多处汉至明清时期墓葬群，因墓葬地点较分散且许多墓葬相互联系很难分开。故发掘时将其分为以洪渡镇镇政府周边地区的四方石和金竹林为主的甲区以及王沱和斜岩等地的乙区。甲区以汉墓为主，乙区则多为宋明时期墓葬。发掘分两个阶段，2005年清理汉墓12座，2008年清理汉墓3座。

刀形墓（M3）

M3 墓室券顶

汉墓可分土坑墓、石室墓和砖室墓三类，在平面形状上又可分中字形、凸字形和刀形墓，部分墓葬有甬道。土坑墓形制为长方形，直壁，平底，无棺椁或板灰痕迹发现。石室墓和砖室墓均为券顶，墓壁系错缝平砌，部分有灯台、壁龛或二层台，在墓底铺设有小鹅卵石。

墓葬均遭到不同程度的破坏，未发现葬具，人骨亦多不存。随葬品以陶器为大宗，尤以红陶为主。陶器器形有盆、罐、碗、注酒器等，另外还出土有陶俑、马、羊、鸡、狗及猪等。同时还有少量汉瓦出土。金属类随葬品有摇钱树（主干）、鎏金铜器（残）、铜筷、铜杯、铜泡钉、铁刀和环首铁刀等。此外，在墓葬内出土有较多的五铢钱，均锈蚀严重。极少部分墓葬中还发现有纺织品残留物和水稻痕迹。

自1989年以来，以洪渡镇为中心，西至后山坡，东到乌江、洪渡河岸，南至四方石村，北至王沱一带，相继发现有数十座汉代墓葬和陶窑群。1989年4月，贵州省博物馆对大坝田村汉代砖瓦窑进行了试掘，发掘出保存有窑壁、火膛、窑底及壁外烧结土层的陶窑1座。其内出土了绳纹板瓦、筒瓦、花纹砖、窑拍、泥模等遗物，这足以说明窑址周边的砖室墓所用花纹砖当为此地陶窑所烧制。此外，沿洪渡河溯河而上直到务川镇南一带也发现了大量的汉代遗存，而以洪渡镇为界，乌江上游段发现的汉代遗存则十分少见。由此可知汉文化的传入方向在洪渡发生了变化，其主力并没有溯江而上，而是转向进入了黔北的务川县境，洪渡则成了一个汉文化自峡江地区、经乌江溯流而上进入贵州高原腹地的一个桥头堡。

（执笔 杨 洪）

陶公鸡（M13：1）

陶母鸡（M30：3）

陶坐俑（M30：7）

陶羊形摇钱树座（M7：8）

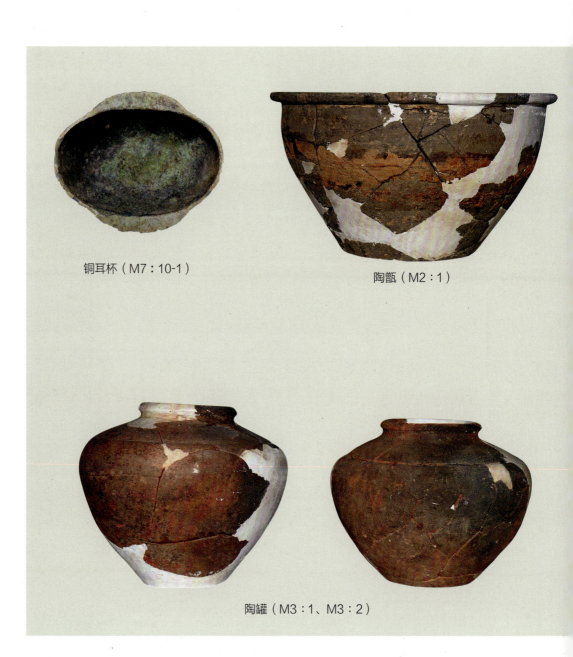

铜耳杯（M7：10-1）

陶甑（M2：1）

陶罐（M3：1、M3：2）

沿河洪渡汉代窑址

项目名称：彭水水电站建设工程
建设单位：重庆大唐国际彭水水电开发有限公司

　　窑址位于洪渡镇镇政府所在地（现已被水库淹没）北侧约 1.26 公里的乌江西岸二级阶地，地属洪渡村大坝田、李家田两个村民组的农田，窑址呈南北向分布在乌江岸边一断坎上，窑址周边地区分布有一定数量的汉墓。1989 年贵州省博物馆考古队为配合乌江彭水水电站淹没区文物调查发现，调查时出露窑址 4 座，由北向南依次编为 1～4 号窑，并对其中的 2 号窑进行了试掘。2005 年 10～12 月，对该窑址群进行了抢救性清理发掘，发掘面积 918 平方米。

Ⅰ H1、Ⅰ Y1～Ⅰ Y5 等

ⅠY5

ⅠY6

ⅠY1～ⅠY4、ⅠY6 等

Ⅰ H1

Ⅰ Y5 近窑门处砖瓦

Ⅰ Y5 窑门

遗址地层堆积较为简单，可分为3层：第1层，表土层，为耕土，灰褐色黏土，高黏性，高硬度，透水性极差。第2层，汉代文化层，棕褐色黏土，高黏性，高硬度，透水性极差。窑址及灰坑等遗迹开口于此层下。第3层，生土层，黄色黏土，局部呈棕红色，高黏性，更高硬度，透水性极差。其厚度推测可能达到数米以上，为整个阶地的普遍沉积物，是一个连续的地层。汉代的活动在此层层面上开展，其窑和灰坑、沟等建造在此地层上。

汉代砖瓦窑6座，编号Ⅰ Y1～Ⅰ Y6，其中Ⅰ Y6属于生窑，在开凿后因故未使用，而用于堆积瓦砾垃圾。在Ⅰ Y2～Ⅰ Y4窑室一侧都发现平整的工作面，其特征是：地势平整，硬度高于周围土层，在土质中包含有砖瓦碎末和氧化铁斑点等。

灰坑10座，编号Ⅰ H1～Ⅰ H10，其中Ⅰ H1属于堆积碎砖瓦的垃圾堆。沟

纺轮（ⅠH1：1）

青铜镊子（ⅠY5：1）

瓦当（ⅠY3：1）

瓦（ⅠY3：3）

筒瓦（ⅠY5：6）

花纹砖（ⅠY5：2）

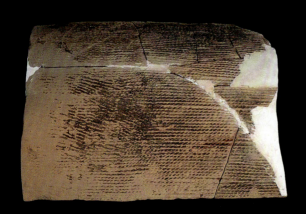

大板瓦（ⅠY5：4）

花纹砖（ⅠY5：3）

1条,编号ⅠG1,分布于窑址北侧,在发掘区内大致呈南北走向,长21、宽0.5～1.7、深0.35～1.1米。在大致中间的位置有2个较深的坑。

砖瓦窑的形制可分为前室、窑门、窑室三个主体部分,ⅠY5的窑门中还保存有火门,窑室内又分火膛、窑床、排烟设施(烟火槽、烟道等)几种结构。窑室的平面形状呈马蹄形,在长方形窑床前部设置一个弧形的火膛,烟道设置在窑室后壁。有2座窑(ⅠY1、ⅠY2)保存有烟火槽(沿窑室墙壁边沿凿出的凹槽)。

窑内出土物主要为砖和瓦。

砖除少数几块完整外,其余皆残破。形制分为花纹砖和素面砖两种。花纹砖,青灰色,在一个窄面上模印出花纹,以几何形图案为主。常见榫卯砖。ⅠY5:8,长43.5、宽20、厚10厘米。素面砖,长方形,青灰色,数量极少。

瓦与瓦当保存情况同砖,颜色以青灰色为主,少数呈棕色,皆装饰有绳纹。分板瓦与筒瓦两种,板瓦有大、小之分,大型板瓦保存完整者(ⅠY5:4)长50.05、宽33～33.8、厚1.4厘米,瓦面上饰绳纹;小型板瓦均已残。筒瓦形制简单。瓦当出土数量极少,仅数件,皆残破,当面上的图案相同。

此外,还出土陶纺轮3件和青铜镊子1件。

沿河洪渡砖瓦窑遗址的发掘具有较为重要的意义,通过对汉代砖瓦窑遗址的发掘,了解了汉代砖瓦窑的形制以及生产程序,为以后的复原研究提供了很好的资料。其中ⅠY5是各窑中保存最为完整者,是一笔很有价值的资料,在过去发表的汉代砖瓦窑中,尚未见保存如此完整者。另外,ⅠY6作为一座生窑,对于复原此类砖瓦窑的建筑方法也具有很好的参考价值。根据在本地发掘的汉墓资料,这些窑址中出土的花纹砖应是专门为营建墓葬而生产的。通过与乌江流域等地汉墓资料的比较,可以分析这些窑生产产品的流通范围。这样可以进一步了解沿乌江的交通和文化交流等问题。

(执笔 刘文锁 张合荣)

务川喻家汉墓

项目名称：务川至正安高速公路建设工程
建设单位：贵州省公路局

2012 年 11 月 1 日，在务川至正安高速公路施工现场发现汉墓 2 座，并随即对其进行了抢救性清理。墓葬位于务川县都濡镇喻家村喻家河与小河交汇处的农田里。据调查，早在 20 世纪六七十年代修建务正（务川至正安）公路时，就曾在此处发现过汉代砖室墓，后来村民在附近种地时陆续从地里挖出过少量汉砖。此次清理的 2 座墓，一座为长方形竖穴土坑墓，另一座为带斜坡墓道的长方形券顶砖室墓。清理时还对工程用地范围进行了进一步的调查勘探，发现附近还有墓葬分布。2013 年 5 月又进行了第二次抢救性清理，又清理墓葬 2 座，一座为砖室墓，另一座为未使用的墓穴土坑。

M1 全景

M2 发掘工作照

M2 墓道

M1 为长方形竖穴土坑墓，封土已被早年耕地所平整。开口于现代耕土层下，打破生土层。墓口距地表深约 0.3 米。墓的南侧略向外凸，直壁，平底。墓长3.9、南宽 2.2、北宽 2、深 1.1 米。墓向145°。墓内填土为五花土，土质均为黄褐色黏土，内含大量炭屑和少量乱石碎块。清理时未发现棺木和人骨，可能系因土质酸性过强早年已被腐蚀，葬具尺寸、葬式、头向及墓主性别等均不清楚。M1 出土随葬品 7 件，器形有陶罐、陶钵、陶杯、陶豆和陶碗，均为泥质灰陶。

M2 为带斜坡墓道的凸字形券顶砖室墓，封土早年被耕地所平整。开口于第2 层下，打破生土层。墓口距地表深约0.6 米。墓向 160°。由墓室、甬道、封门和斜坡墓道四部分组成。墓室呈长方形，长 4.5、宽 1.96、高 0.7 米。墓室上部砌筑券顶，券顶大部分早年被破坏，公路施工时又将其破坏一部分，清理时只残存北端一小部分。券顶高 1.26 米，尾部的两道券顶砖略向下收，每道券拱共用 10 块子母口砖券成。券顶砖的内侧模印有几何花纹和"富贵"二字。墓室壁砖的内侧均有模印花纹，花纹主要为车轮纹与菱形纹组合而成。墓室底部用砖一横一竖平铺而成，铺地砖长 40、宽16、厚 4 厘米。甬道位于墓室的南端，呈长方形，长 2.16、宽 1.4、高 0.8 米。上部起券顶，但大部分券顶已破坏，只在东西两侧残存一排券顶砖。底部用砖竖向平铺，其所用铺地砖的规格和铺法

M4 清理工作照

M3 全景

M4 全景

M2 全景　　　　　　　　　　　　M2 出土"富贵"铭文砖

与墓室一致。封门位于甬道的南端，用长方形条砖东西向横砌而成，外侧用条砖侧向立砌，封门宽 1.28、残高 0.9 米。封门砖长 36、宽 16、厚 10 厘米。封门砖墙体受墓道填土挤压略向甬道内倾斜。墓道位于整个墓的南端，呈斜坡状，平面略呈梯形，南端宽 1.05、北端宽 2、坡道长 2.9 米。墓道北端底面略为平整，宽约 0.8 米。墓道北端深 2.2 米，壁面较为规整。在清理墓室内的填土时发现少量木灰，可能系棺木腐朽所致。由于受到扰动和腐蚀太严重，葬具使用情况、葬式及墓主性别等均不清楚。该墓出土随葬品 4 件，器形有陶罐、陶井、陶甑

和陶钵，除陶罐外，其他均为残片，无法修复，出土陶器均为泥质灰陶。

M3 为带斜坡墓道的砖室墓，因施工破坏了墓室、墓顶和墓底，整座墓的形制无法判断，但从残存部分来看，刀形的可能性较大。墓葬所在地原为农田，后因施工被平整，顶部及开口层位等情况不知。残存部分由墓室、甬道、封门和墓道四部分组成。墓向 22°。墓室呈长方形，长 3.6、残高 0.8 米，宽因施工破坏不清，墓底不见铺地砖。甬道位于墓室的北端，呈长方形，长 0.9、宽 1.4、残深 0.9 米。封门位于甬道的北端，用长方形条砖东西向横砌而成，只残存一

层砖墙。墓道位于整个墓的北端，呈斜坡状，平面略呈梯形，北端宽 0.7、南端宽 1.4、坡道长 1.5 米。墓道南端底面略为平整，宽约 0.8 米。墓室、甬道和封门均用子母口砖顺砌而成。由于受到施工严重破坏，葬具尺寸、葬式及墓主性别等均不清楚。

M4 为刀形竖穴土坑墓，墓室长 4.9、宽 2.1、深 1.46 米。墓道长 1、宽 1.1 米。墓内填土很杂，有大量炭屑、碎石块、碎砖块和少量红烧土块。在墓底西南角有一自然大石块，面积约 1 平方米。清理墓底时未发现任何遗物，也不见葬具等其他痕迹。因此，发掘者认为该墓极有可能是因为在修建过程中，因位于墓底西南角的石头太大而放弃，最后只留下一个未使用的空墓穴。

此次清理的 4 座墓葬，均没有出土具有年代标尺性的遗物，如五铢钱等，而且出土随葬器物也很少，很难直接推断其年代。只能从墓葬形制和少量几件器物推断其大致年代。其中 M1 为土坑墓，根据墓内出土的遗物与该地区早年出土的遗物进行比较，初步推测其年代大致在西汉时期。M2 和 M3 墓葬形制基本一致，M2 内出土的遗物如陶罐、陶井、陶甑等，与早年在务川地区出土的基本一致，其年代应在东汉时期甚至更晚一些。M4 因特殊情况，无法判断其年代。

务川县是黔北地区汉代文化遗存分布比较集中和丰富的地区之一。自 20 世纪五六十年代起，就陆续在大坪、官学、镇南、泏水、都濡、喻家一带发现过大量汉代墓葬和窖藏遗物。之前出土的比较典型的遗物有蒜头壶、提梁壶、方壶和扁壶等，其具有“秦”文化因素的特征较为明显。

从文化线路上看，务川北部如泏水、铁窑等地的汉文化基本上是从乌江沿芙蓉江、泏水河进入其境内。而大坪、镇南、都濡、喻家一带则是从乌江沿洪渡河逆流而上进入其境内。乌江是长江的一条重要支流，总的来看，黔北地区汉文化的进入是从峡江地区沿江而上，经乌江进入黔北务川一带。因此，这一地区的汉文化遗存总体来看与峡江地区汉文化遗存在大的文化面貌上基本一致。同时也说明位于黔北地区的务川，是汉文化自中原地区、经峡江地区沿江而上，再经乌江等河流进入贵州高原的一座桥头堡。

此次清理的 4 座墓葬，虽然受到破坏严重，出土器物也不多，但在一定程度上丰富了我们对黔北地区汉代文化遗存的基本认识。同时从 4 座墓葬的墓向来看，基本上都呈南北向，且与旁边的小河的流向一致。顺河而葬，这与之前在务川大坪洪渡河沿岸发掘的同时期墓葬极其类似，这可能一方面是受地形的限制，但在更大层面上极有可能是受当时的一种思想观念所影响，即当时汉人从中原或其他地区沿江河逆流而上进入这一地区，死后顺河而葬是否代表的是一种回归故里的思想，当然这还有待更多材料的佐证。

（执笔 吴小华）

兴义老坟山墓群

项目名称：晴龙至兴义高速公路建设工程
建设单位：黔西南交通建设发展有限公司　贵州省公路局

墓群位于兴义市万屯镇阿红村，分为老坟山墓地和新寨墓地。经过50余天的发掘，共发掘墓葬60座。

老坟山是坐落于阿红盆坝南缘的一座小山，因为山上有大量汉代石板墓，当地人称为"癞子坟"，此山故名老坟山。墓葬分布于老坟山的南坡，即背向盆坝的一侧，墓葬自山中部一直延伸到老坟

山山脚，总面积超过5000平方米，共发掘墓葬57座。新寨墓地坐落于阿红盆坝东缘山脚，共发掘墓葬3座。

墓葬分为土坑墓和石板墓两种形制，土坑墓仅2座，M7和M28，其余皆为石板墓，土坑墓规模略小于石板墓。墓葬长2～2.5、宽0.5～0.8米，结构完整的深约0.7米，大部分墓葬都遭到一

墓群远景

发掘现场

定程度的破坏，墓顶盖板被移走，一部分墓葬破坏严重，仅余墓底，破坏原因皆为农业生产中的耕作所致。所有构建墓葬的石板为附近山上就地取材，石板未发现人工加工的痕迹。墓葬多开口于耕土下，直接打破生土。墓葬内填土为灰褐色，夹杂有红烧土颗粒和炭屑，当为埋葬时填入。石板墓的构建方法为先挖一长方形土坑，在土坑的底部和四壁皆筑有石板，将死者和随葬品放入后，用土掩埋，上加盖板。有些墓葬较为简单，仅在墓底或墓壁放置少量石板，或不放入石板，成为土坑墓，由于无地层早晚关系和打破关系，也未出土可供断代的器物，无法判定这些简化的墓葬和筑满石板墓葬的相对早晚关系。从墓葬形制和分布区域分析，形制相近的墓葬往往位置也接近，推测其年代应该较其他墓葬更为接近。

老坟山墓地墓葬的大致方向为东西向，与老坟山的山坡走势保持垂直，头向或向东，或向西，以向西的墓葬居多。新寨墓地3座墓葬都为东北—西南向，头向东北，墓葬方向与山坡走势基本保持垂直。墓葬分布规律性强，分布均匀，墓葬方向、位置都经过严格规划。

墓地存在二次葬的现象，M13除墓主人外，在墓坑的一端发现有另外一个个体，经鉴定为未成年人的长骨。M11、M15、M42都有类似的现象。M15发现有猪牙颌骨、M17发现有牛骨、M37发现有狗骨架，可确定有家畜陪葬的习俗。

出土器物丰富的墓葬有M4、M15、M27、M33。随葬品中陶器数量少，仅14件，其余大宗为玉石器，包括玦、璜，还出土有串饰，包括料珠、石珠、骨珠、铜珠等。

陶器主要有单耳圜底罐、方格印纹

现场工作照片

墓内器物出土情况

墓内器物出土情况

陶罐（M15：13）及其内部放置的玉器

硬陶罐、盘口圜底罐、双系平底罐、高领平底罐，除方格印纹陶为泥质灰陶、烧制火候较高外，其余陶器皆为夹砂陶，火候低，质地差。随葬陶器数量最多的墓葬为 M25 和 M4，各随葬 3 件陶器。M25 出土陶器为双系平底罐、单耳圜底罐、盘口圜底罐，M4 为盘口圜底罐、高领平底罐和单耳圜底罐，其余墓葬仅有 1 件或 2 件陶器，单耳圜底罐和盘口圜底罐是最基本的陶器组合形式。

老坟山墓地出土陶器少，此类墓葬在这一地区又属首次发掘，对比材料少。墓群出土陶器中数量最多的为盘口圜底罐，共 5 件，在同地区汉式墓葬中也有发现，如 1975 年发掘的兴义 M2 就有此类器形出土，M2 为券顶石室墓。数量次多的为单耳圜底罐，M4、M14、M25 都有出土，共 4 件，其与 1987 年发掘的兴仁交乐汉墓中的 M6：55 形制类似，M25

出土双系平底罐与兴仁交乐汉墓 M7：6 双系罐形制类似，兴仁交乐 M6、M7 为石室墓，发掘者将墓群的大致年代定在东汉早中期。老坟山 M18 出土的五铢钱年代应属东汉，墓葬年代应不早于东汉。考虑到汉文化对土著文化的影响进程，老坟山墓群的年代定在东汉中晚期较为合适。

在这一地区，同时期汉式墓的形制为砖室墓、土坑墓、石室墓等几种类型。1975 年发掘的兴仁 M3，形制为方框石壁墓，报告中对墓葬结构介绍甚少，形制无从得知。石板墓与以上三种典型汉式墓葬差别极大，整体用不加人工修理的石板构建，应非汉式墓葬。

老坟山墓地出土大量的玉石饰品，同时期汉式墓葬中的装饰品则多为铜器，极少见玉玦、玉璜、扣饰等，而在普安铜鼓山遗址中出土了数件形制与此极为

出土陶器

相近的玉玦和扣饰，同样的玉玦和扣饰在滇文化中也十分常见，此墓地的发掘为探讨西南夷民族的共同文化因素提供了资料。有学者认为贵州石板墓的分布范围，与近现代石板房的分布范围大致相同，这或许为探讨汉晋石板墓的族属提供了新的思路。

阿红遗址新寨发掘区 T3、T4 第 5 层出土的方格纹硬陶及夹砂陶片与老坟山墓葬出土陶器类似，因探方发掘面积小，出土陶片少，陶片细碎，无法从器形上进行对比。中山大学人类学系李法军教授在对墓内出土的人骨鉴定之后认为，墓群人骨"无论男女性，四肢骨的发育普遍较细弱，肌嵴发育不明显，可能生前不常从事较重的劳作"，这和史书中记载的土著民族以放牧和渔猎为主的生计方式是吻合的。墓地中使用牛、猪、狗等家畜陪葬，在此地区同时期汉式墓中是不见的。综合考虑以上因素，老坟山石板墓的主人为土著民族的可能性较大。

（执笔 张兴龙）

赤水万友号崖墓

项目名称：赤水市人民武装部新营区建设工程
建设单位：赤水市人民政府

　　2010年10月下旬，在赤水市人民武装部新营区建设工程施工中发现一组墓葬。10月底对施工现场进行踏勘，确定已暴露的3座墓葬均为汉晋时期崖墓。2011年1月13～20日对已发现的崖墓进行了抢救性发掘。墓群坐落于赤水市南约3公里处的文华办事处万友号村民组西北侧赤水河南岸缓坡上，紧贴赤习公路，距赤水河约50米，高出河面约15米。墓葬所在地为南高北低的缓丘，广布砂岩，崖墓即直接开凿于砂岩中。崖墓的墓道指向赤水河，枕山面水分布。该处早先为梯田，并有少量民居。现地表已被施工夷平，墓葬亦受到不同程度破坏。

M1、M2（从左至右）

M3 后龛及龛下墓底随葬品

M2 清理现场

　　3 座墓略呈东西向一字排开，为便于记录，将其自东向西依次编号为 M1、M2 和 M3。墓葬均为带墓道的单室弧形顶崖墓，由墓道、墓门、甬道、墓室、壁龛、石棺、灶台、排水沟等组成，整体略呈甲字形。从墓壁上工具痕看，墓室开凿过程中至少使用了扁头和尖头两种铁錾，扁头錾宽约 1 厘米，其所留存的凿痕最长者达 15 厘米左右。

　　墓内随葬品不甚丰富，以 M3 最多，但除 1 件陶俑保存完整外，其余均已成碎片。随葬品有陶、铜、铁、漆器诸类，以陶器为主，铜、铁、漆器较少。

　　从墓葬形制与出土遗物并结合周边的相关发现初步分析，这批墓葬的年代约在东汉晚期。崖墓是汉晋之际流行于四川及周边地区的一类极具地域特色的文化遗存，目前仅四川一地已发现约 10 万座，其流行年代在东汉初期至南北朝间，以东汉晚期为多。距此不远的复兴马鞍山崖墓，其年代亦在东汉至南北朝间，该处墓葬的风格与万友号崖墓相同。万友号崖墓内出土的陶俑、房屋模型等，在贵州东汉中晚期墓葬中较为普遍。据此我们初步推测这批墓葬的年代约在东汉晚期。

（执笔　李　飞）

第四章

魏晋至明清时期

魏晋以降，随着中央控制力日渐式微，汉文化逐步衰微，本土文化有所发展。具有明显隋唐时期文化特征的相关遗存鲜有发现。进入两宋，地方大姓逐步崛起，贵州被播州杨氏、思州田氏、水西安氏、水东宋氏等控制，他们留下了丰富的物质遗存，尤以播州杨氏为甚。明代贵州建省，形成贵州历史上的又一次大开发，大量汉式遗存涌现，形成夷夏并存的格局，直至今日。

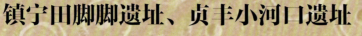

镇宁田脚脚遗址、贞丰小河口遗址

项目名称：董菁水电站建设工程

建设单位：贵州北盘江水电开发有限公司

（1）田脚脚遗址

遗址位于镇宁县良田乡顶坛村坝包村民组西侧约500米处，地理坐标为东经105°45′34.10″、北纬25°32′07.35″，海拔为375米。东北距良田乡政府所在地约12公里。这一带为喀斯特地形地貌，周围均为石山坡地，该遗址即位于山脚的北盘江东岸的缓坡台地上，距北盘江江面高约10米，遗址的西面边缘为北盘江，南面约1公里处为董菁水电站坝址。遗址北面有一条小溪沟流入北盘江。遗址南北长约150、东西宽约30米，总面积约4500平方米。

遗址靠近江岸，长期经受江水的冲刷和人工耕种，使遗址近江边部分受到严重破坏。遗址东面文化层堆积较薄，

田脚脚遗址发掘现场

田脚脚遗址发掘现场

田脚脚遗址 Y1 清理现场

田脚脚遗址 Y1

西面文化层堆积较厚，可分为 4 层，各探方主要的文化遗物和遗迹主要集中出土在第 3、4 层。根据其文化遗物的总体特点分析，其基本特征是一致的，应属同一性质的文化遗存。

该遗址于 2005 年 4 月对董箐水电站库区进行调查时发现，10～12 月对遗址进行了抢救性发掘，发掘总面积为 2560 平方米。此次共清理出房屋 3 座、灰坑 26 个、灶 18 个、沟 12 条、柱洞 256 个。出土遗物主要有石器、骨器、陶器、铜器、铁器等，其中陶器数量最多，其次是铜器，铁器次之。此外，遗址还出土有半两、五铢、剪轮五铢、货泉、太平百钱等钱币，晚期遗物铜烟嘴、铜烟斗、铜管、铁锚、陶网坠、铅块、圈足陶碗，以及祥符元宝、皇宋通宝、大观通宝、宣和通宝、乾隆通宝、咸丰通宝等钱币。

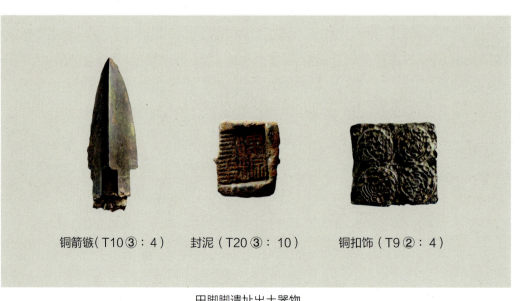

铜箭镞（T10③：4）　　封泥（T20③：10）　　铜扣饰（T9②：4）

田脚脚遗址出土器物

田脚脚遗址 Y1 出土陶网坠

小河口遗址 F2 全景

（2）小河口遗址

遗址位于贞丰县者相镇毛坪村董菁组，北盘江西岸及小河口交汇处的台地上。海拔为370米左右，距西北者相镇镇政府所在地约20公里。这一带为喀斯特地形地貌，背靠群山，面向北盘江。遗址相对北盘江江面高约10米左右，东部边缘为北盘江，南面约1公里处为董菁水电站坝址。遗址东北约150米处为田脚脚遗址，两遗址隔江相望，总面积约3000平方米。

遗址地层堆积可分为4层，第1层为耕土层，第2层为扰乱层，第3、4层除土色有差异外，出土遗物基本相同，属同一个时期，地层堆积除个别地方较厚外，整体堆积较浅，文化内涵基本一致。

发掘清理出房屋建筑遗迹3处、柱洞43个、灰坑11个、沟3条、灶4个。出土遗物主要有石器、骨器、陶器、铜器、铁器等，其中陶器最多，其次是铁器，铜器次之。

关于两遗址的时代，根据田脚脚遗址第3层和第4层出土有明确纪年的钱币以及北京大学考古文博学院科技考古与文物保护实验室的热释光测年数据及碳十四测年数据报告，该遗址的第4层为魏晋时期，第3层则晚到两宋时期。小河口遗址的年代与田脚脚遗址相当。

（执笔 刘恩元）

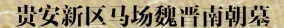

贵安新区马场魏晋南朝墓

项目名称：贵安新区磊马路建设工程
建设单位：贵州贵安建设投资有限公司

1965～1966年，贵州省博物馆考古组在今贵安新区马场镇附近的万人坟、熊家坡、大松山等地清理了34座古墓葬，其中包括16座东晋南朝时期墓葬，出土了丰富的陶、瓷、漆、铜、金、银器等珍贵文物，该批墓葬是贵州境内少有的经过科学发掘的东晋南朝时期墓葬，为研究贵州东晋南朝时期的政治、经济、文化、社会情况提供了重要的实物资料，具有非常重要的意义。

鉴于马场境内存在丰富的历史文化遗存，且又是贵州魏晋南朝时期遗存的富集地区，在贵州省历史时期考古领域占有重要地位。2013年，为配合贵安新区及磊庄至马场公路建设，对公路建设用地范围及周边地区进行了比较细致的调查勘探工作，新发现了沙坡和杨家桥2处魏晋南朝至明清时期古遗址，经初步钻探证实，遗址区内存在一些早晚不同时期的古墓葬。2014年2～5月，我们对沙坡遗址进行了系统发掘，并在杨家桥遗址进行了大规模的重点钻探，新发现了魏晋南朝至宋明时期古墓葬70余座，并对其中的3座墓葬进行了清理，其中沙坡遗址2座，编号为M1、M2，杨家桥遗址1座，编号为M1。

杨家桥遗址远景

杨家桥 M1 清理前

杨家桥 M1 清理后

杨家桥 M1 出土漆器

杨家桥 M1 出土铁三脚架及陶器

　　3 座墓葬以杨家桥 M1 保存最好，出土遗物也最为丰富。该墓系长方形券顶石室墓，由封土、墓门、墓室、排水沟等部分组成，墓向 192°。据调查，此墓墓室上方原有较大的封土堆，现仅存局部。墓室基本位于封土正中，依丘陵地势而建，墓门位于低矮处。墓门及墓室用大小不等、一面加工平整的石块砌成，内壁平整，外壁参差不齐。墓顶则用大小不一的石块竖砌成券顶状，墓底夯打坚实，未铺石块。该墓顶券弧度较低，石块凌乱难以承重，且墓室内填土致密，无大面积水浸迹象，因而此墓应系先放置棺木进入墓室，封堵墓门后，覆土再于墓顶摆放石块，形成具有象征意义的券顶。因受地形和挤压作用影响，墓室有所变形，形成发掘所见的墓口长、宽大于墓底长、宽的形态。墓口长 4.72、宽 1.6 米，墓底长 4.16、宽 1.2～1.32 米，高 1.22 米。排水沟设于墓门外右侧，系

沙坡 M1 清理后　　　　　　　　　沙坡 M2 清理前　　　　　　　　　沙坡 M2 清理后

先挖基槽，再用石块砌筑，残长 4.2、宽 0.3 米。墓内人骨无存，葬式不明；棺木痕迹亦无存，仅存铁棺钉多枚。出土遗物有四系陶罐、陶釜、铁三脚架、铜手镯、铜戒指、料珠、圆形金片、铜饰等，另有漆器 1 件，但仅存漆皮。

沙坡 M1 保存亦较好，系一长方形券顶石室墓，由封土、墓门、墓室三部分组成，墓向 280°。据调查，早年此处存在一大型土丘，当为封土，惜今已不存。墓室依丘陵地势而建，墓门位于低矮处。墓门及墓室用大小不等、一面加工平整的石块砌成，内壁平整，外壁参差不齐。墓顶用大小不一的石块竖砌成券顶状，与杨家桥 M1 相同，皆为象征性券顶，墓底夯打坚实，未铺石块。由于墓室顶部石块凌乱无承重力，为安全计，故采用自上向下的揭露方式。墓室内填土坚硬致密，出土有散乱棺钉数枚。墓口长 4.2、宽 0.46～0.62 米，墓底长 3.34、宽 0.7～0.76 米，高 0.96 米。

该墓早年曾遭盗掘，于墓门和后室发现盗洞各 1 个。墓内人骨无存，亦不见棺木痕迹，葬式不明。出有遗物有仅铜片 2 枚。该墓整体与 1965～1966 年发掘的 I 式墓结构相同。

沙坡 M2 发现时已暴露于断壁上，仅存墓室前部。系一长方形券顶石室墓，残存封土、券顶、墓室前部、墓门、排水沟等，墓向 32°。墓室依丘陵地势而建，墓门位于低矮处。墓门及墓室用大小不等、一面加工平整的石块砌成，内壁平整，外壁参差不齐。券顶起券弧度较大，墓底平整，不铺石块，于中部设排水沟。填土较细密，含沙量大，夹杂有部分垮塌的券顶石块，内出土有散乱棺钉 2 枚。墓底残长 1、宽 1.44 米，墓高 1.55 米。墓内的人骨无存，葬式不明。

魏晋南北朝时期考古是贵州历史时期考古的薄弱环节之一，此次系统钻探与发掘取得了一些新的收获，对更加深入地认识贵州魏晋南朝时期的考古学文化面貌提供了新的资料，具有重要的学术意义。

一是确认了一处较大规模的魏晋南朝时期墓地，为深入研究贵州境内该时期的墓葬形制、埋葬习俗提供了最新资料。我们对杨家桥、沙坡周边地区进行了拉网式的重点钻探，新发现石室墓葬70余座，大部分集中分布于杨家桥一带，时代以魏晋南朝时期为主。墓葬多成排分布，规律明显，显然杨家桥在当时作为一处墓地，是经过统一规划，并长期使用的。

二是经过清理的3座魏晋南朝时期墓葬在形制和构建方式方面有所不同，此三座墓葬恰好代表了三种不同形制的墓葬，进一步深化了我们对这一时期墓葬构建方式的认识。沙坡M2为长方形券顶石室墓，墓室中部设排水沟。杨家桥M1为长方形券顶石室墓，墓外右侧设排水沟，墓顶竖砌乱石而形成象征意义的券顶。沙坡M1为长方形券顶石室墓，营建方式与杨家桥M1相同，区别仅在于墓室狭长，且不设排水沟。我们认为，此三座墓葬至少代表了两个时期的墓葬，沙坡M2时代较早，墓葬营建方式与东汉时期券顶墓比较接近，或为魏晋时期；

杨家桥M1与沙坡M1时代稍晚，券顶已成为一种象征，从杨家桥M1的出土遗物来看，当为南朝时期。

三是出土了较为丰富和完整的文化遗物，为相关考古学文化的研究提供了难得的实物资料。其中，尤以杨家桥M1出土遗物最为丰富，该墓虽然也经过人为盗掘，但所幸破坏不大，出土较为丰富的陶、铁、铜、金、玉（石）、漆器。由于1965～1966年发掘资料公布较为简略，长期以来，学术界对于该地区魏晋南朝时期出土器物特征的认识还不甚清晰，而此次发掘出土的南朝时期遗物较为丰富，在一定程度上弥补和深化了我们对于相关器物的认识，有助于推动相关研究工作的开展。

整体而言，此次钻探与发掘工作，取得了比较重要的收获。尽管工作范围有限，还有许多问题有待今后的考古工作加以佐证和解释，但已经初步揭示出这一地区古文化的独特性和重要性，对于深入研究贵州魏晋南朝时期居民的生活方式、丧葬习俗、文化特征等都将起到积极的促进作用。

（执笔　张改课）

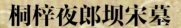

桐梓夜郎坝宋墓

项目名称：习水至桐梓新站二级公路建设工程
建设单位：贵州二级公路管理办公室

2007年7月中旬，习水至桐梓新站二级公路的施工过程中，于桐梓县夜郎镇茶台村岩伦组一处名为古墓的地点发现1座墓葬，并已遭受挖掘机的严重破坏。当地政府将这一情况反映至县文广局，经初步调查落实这是一座宋代石室墓，并将情况上报至省文物局。2007年

7月18、19日，省文物局派省文物考古研究所专业人员再赴现场落实情况。调查发现岩伦业已遭受破坏的墓葬确为宋墓，另距该地点约1公里外的省保单位——杨八（马）坟宋墓随时可能遭受施工破坏。施工之初，文物部门曾多次与建设方协商，建设方以路面系旧路改

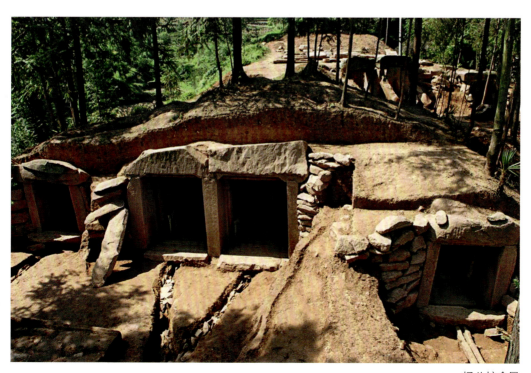

杨八坟全景

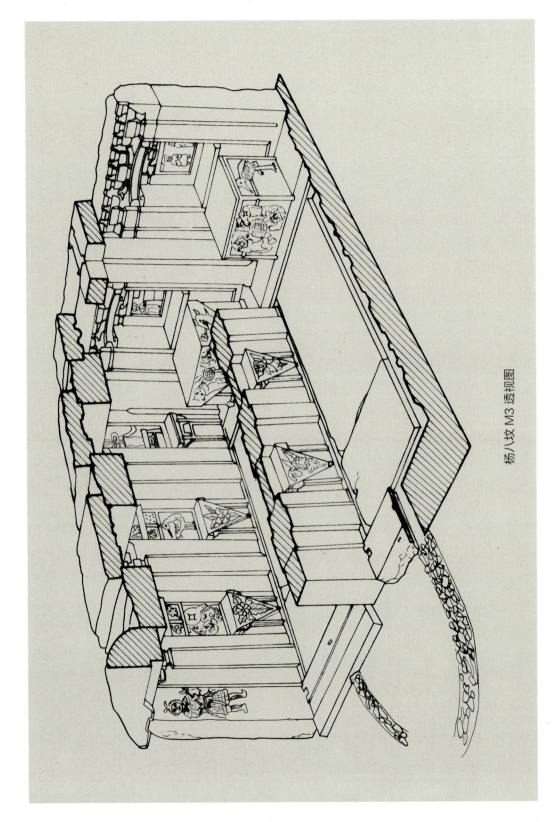

杨八坟 M3 透视图

杨八坟 M3 武士石刻

造不涉及文物为由，拒绝进行考古勘探调查，强行施工，不但造成了新发现的岩伦宋墓的破坏，施工中的公路还穿过杨八坟宋墓保护区，路坎距离公路仅数米，致使墓葬面临滑坡的威胁。调查组将这一情况向省文物局书面汇报后，省文物局要求省文物考古研究所一面立即赴现场展开清理，一面向国家文物局申请发掘执照。8月10日～9月28日对这批宋墓进行了清理，共在岩伦清理宋墓3座（均遭受不同程度破坏），在杨八坟清理墓葬5座（其中3座系新发现，另2座早年被盗，墓门大开）。8座墓葬有竖穴土坑墓1座，石室墓7座，石室墓内均有精美石刻。发掘共获各类石刻160余幅，完整瓷器12件，铜镜3面，少量铜、铁钱，以及大量铁棺钉、棺环和桐籽粒等。

7座石室墓中有夫妻合葬墓2座（中有隔墙，后有过道相通），余均单室。石室墓由墓圹、石室和墓外设施三部分组成。墓圹略呈铲形，前未封口，敞开成墓道，后纳石室。石室先铺棺床，立左、右、后壁（壁上设龛），横梁其上，成藻井，最后套以门框，以大石板封门。墓外以大石顶门，掷乱石、泥土护之。墓之左右两侧设八字形护墙。多数墓葬墓道底有石砌排水沟，最长者近8米。

最后覆以封土，尚存封土呈圆埠形，将石室完全覆盖。墓内均饰以石刻，多数墓内石刻呈由左、右龛和藻井上装饰组合而成"Π"状装饰带。后壁上饰以斗栱等仿木构件，后龛内刻侍者（女墓为侍女，男墓为男仆）。石刻内容涉及人物、瑞兽、花卉、仿木构件、家具等，或为高浮雕，或为线刻，工艺精湛，内涵丰富。初步推断墓葬的年代应在南宋中晚期。

种种迹象表明，墓葬的修建就地取材（距杨八坟约1公里外的牛滚凼，取石头遗迹尚在），现场雕刻（现场遗有大量从墓石上琢落的碎石）。墓葬选址时，既考虑了风水的因素，又考虑了取石的方便。两处墓地均靠山面水，为宋代阴阳家所谓的吉地。

黔北是贵州宋墓的主要分布区，目前在赤水、习水、仁怀、桐梓、遵义、绥阳、湄潭、道真、务川、德江等县均有发现。1957年发掘的播州安抚使杨粲墓，是其中的典型代表，全墓共有石刻190幅，被誉为西南地区古代石刻艺术宝库。此次发掘的8座宋墓，是贵州近年来对黔北宋墓所开展一次最大规模的科学清理工作，发掘所获资料对研究黔北地区宋代的历史、文化、艺术及川黔地区经济、文化的相互交流等均具有重要价值。

（执笔 李飞）

桐梓观音寺宋墓

项目名称：桐梓县马鞍山观音寺维修工程
建设单位：桐梓县观音寺

2000 年 8 月，在桐梓县马鞍山观音寺维修施工中，发现 4 座石室墓，桐梓县文物管理所工作人员在其中一个墓内淤土中清理出釉陶瓶、釉陶碗、瓷盏、银发钗等器物。2013 年 5 月对马鞍山观音寺宋墓进行了清理测绘。

4 座宋墓位于桐梓县城东南侧马鞍山观音寺大殿土坎内。墓室依山修建，坐南朝北，天门河从墓前开阔地中央流过。其中 M1、M2 位于东侧，两墓相距 3.1 米，墓葬形制相同、规模相当，雕刻题材接近。M3、M4 位于 M1 西北侧约 5 米处，是同一封土堆下两座由青石砌筑、雕刻简单的残墓，破坏较为严重。

M1 位于最东侧，系用巨大砂石砌筑而成，平面呈长方形，墓室内长 2.66、宽 1.18、高 2.14 米。墓室两侧壁和后壁建有壁龛，墓顶为覆斗形。墓室正中置长条形石棺床，棺床四周形成排水沟。在墓门、侧壁龛和后壁龛内均有繁简不一的雕刻图案。

墓门系可开合的双扇仿木格子门，门框宽 1.13 米，在门框顶、底石两端各凿一门臼供门轴开合转动。单扇墓门宽 0.55、高 1.07、厚 0.08 米，门上雕刻分上、中、下三层，上层雕障水板饰球纹格眼，中层为双腰串和腰华板，腰华板分两格，每格雕剔地菱形花卉图案，下层障水板饰剔地圆壶门。

侧壁龛分内、外两层。外龛宽 1.32、高 1.25 米，龛底即墓底，龛顶石立面有四格浮雕花卉，左、右两边饰抹角八棱柱，柱下有础、柱上饰斗。两柱间置内龛，龛宽 0.62、高 0.82 米，龛顶石高 0.22 米，立面饰菱形花卉图案。龛壁立面雕枝繁叶茂的瓶插花卉图案，花卉构图上东西两壁略有不同，东壁插花一花卉向花瓶右下侧倾斜，西壁插花则较均衡分布在花瓶上方。

后壁龛分内、外两层。外龛内宽 0.94、进深 0.24、高 0.52 米，龛顶石高 0.27 米，龛底与棺床水平。内龛呈方形，顶饰抹角壶门，底剔地一方框，内凿一仿木桌，龛上部饰双扇仿木格子门，雕饰与墓门大同小异。

藻井呈覆斗形，由三层石块叠涩垒成。最底层长 1.3、宽 0.85、高 0.26 米，即侧壁龛外龛饰花叶纹浮雕的顶石层。中层长 0.84、宽 0.31、高 0.07 米，南北侧即墓顶横梁。藻井长 0.61、宽 0.48、

M1 东壁雕刻拓片

M1 西壁雕刻拓片

M1 墓顶藻井雕刻拓片

M1 墓顶藻井下北侧花卉雕刻拓片

M1 墓顶藻井下南侧花卉雕刻拓片

深 0.34 米，南北向立面饰连弧纹浮雕。藻井顶面饰壸门忍冬团花。藻井下南北两侧石立面均雕刻菱形花卉，北侧菱形内雕牡丹花卉一枝，南侧菱形内雕柿蒂形枝叶四枝，正中为圆形花卉一朵。

棺床长 1.72、宽 1.65、厚 0.11 米，由前、后两块石板连接而成，略施钻路，余皆素面。

M2 墓门已被破坏，墓室结构与 M1 基本相同，墓室内长 2.5、宽 1.27、高 1.6 米，墓内雕刻较 M1 简单，仅后壁龛、藻井处有少量雕刻，构图与 M1 也略有不同。

后壁龛分上、下两层，下层饰菱形花卉一幅，上层饰仿木格子窗。

左、右侧壁为仿木构建筑壁龛，龛内没有雕刻，只龛顶石立面饰连弧花叶纹。

藻井亦呈覆斗形，但仅由一层石块叠砌而成。顶面圆形阴线刻双狮戏球团花图案，下方南北两横梁石板分别阴刻"寿山"、"福海"四字。"寿山"为楷书，笔画肥厚凝重，"福海"为行书，用笔较为瘦削流畅，字外侧皆作圆形边框装饰。

M3 墓门不存，风化程度较高。墓室平面呈长方形，内长 2.5、宽 0.88、壁厚 0.2 米，棺床石已不存。墓室结构较 M1、M2 简单，仿木建筑特征不明显，左、右壁面略剔地成方形壁龛，内雕瓶插花卉一幅，花枝形状与 M1 有较大差异，瓶插花卉周边均不修整，凿痕清晰。后壁有一方形壁龛，内饰仿木窗，窗分四格，内饰浮雕花卉，龛底座剔地方框内饰帷幔浮雕。墓顶简化成方形素面藻井。

M4 结构与 M3 相同，墓门及墓室前半部已全被毁坏，侧壁龛内雕刻有狮子和青龙（或白虎）图案，但风化严重，图案已不清晰。

4 座墓葬中，M2、M4 没有任何遗物，仅 M1 和 M3 填土中清理出釉陶碗 1 件、釉陶瓶 1 件、瓷碗 2 件、瓷盏 1 件和银发钗 1 件。因墓内填土扰动严重，出土器物在墓内的位置已不能确定。

桐梓马鞍山观音寺清理的 4 座墓葬，未发现赖以准确断代的墓志碑铭资料，只能从墓葬结构、雕刻内容以及出土器物的特征等大体推测其年代。

M1、M2 均为长方形墓室，侧壁龛、后壁龛和墓顶藻井建筑复杂，且均有图案雕刻。雕刻共分八类：①动物类，如 M2 的狮子；②仿木构建筑类，如 M1、M2 两侧壁龛的仿木构建筑雕饰、仿木构墓门及后壁龛的仿木门、窗等；③家具类，如 M1 后壁仿木桌子；④花卉类，此类题材是墓雕刻最主要的形式，特别是 M1，花卉雕刻遍施于墓门、侧壁龛、后壁龛及藻井等位置，把墓室装点得非常富丽，内容形式多样，有壸门忍冬纹、连弧枝叶纹、连弧花叶纹、菱形花叶纹、瓶插花卉等；⑤器物类，如花瓶；⑥装饰品，如帷幔；⑦文字类，即 M2 的"寿山"、"福海"；⑧玩具类，如 M2 藻井的双狮戏要的"球"。雕刻技法以浅浮雕为主，加阴线饰，亦用阴刻，如文字。表现手法朴实，具有写实主义风格。仿木构建筑、

M2 墓顶"寿山"雕刻拓片

M2 墓顶"福海"雕刻拓片

M2 后壁雕刻拓片

M2 墓顶藻井雕刻拓片

家具、狮子戏球、团花配饰等题材和雕刻风格，均与遵义地区的宋墓特征一致，而且墓内出土的釉陶瓶、瓷碗、瓷盏等器物，与桐梓元田坝、葫芦坝、夜郎坝等地宋墓出土的同类器物基本相同，时代亦应大致相同，均在南宋中晚期。

贵州北部包括桐梓县等地的宋明墓葬，常以2～3个墓室并列在一起的同坟异室合葬方式构筑，有的墓室共用一隔墙，有的墓室紧挨在一起，但独自建造墓室，此次清理的M1、M2，因修寺庙，封土破坏，但根据两墓的距离、墓室形制和雕刻题材等观察，亦可能是夫妻同坟异室合葬墓。墓内虽遭严重盗扰，但M1出土有残断的银发钗1件，表明M1墓主系女性，而M1亦正好位于M2的右侧，也符合"男左女右"的传统埋葬习俗。

M3、M4墓顶有藻井，左右壁龛雕刻有青龙（白虎），后壁龛雕仿木门、窗等，M3出土的青白釉假圈足莲瓣口盏，与桐梓其他宋墓的同类器物相似。但墓室以青石砌筑，结构和雕刻内容逐步简化，与遵义市汇川区高坪的明代杨氏土司墓葬有相同之处，具有宋末向元明时期过渡的风格特征，因而其年代可能比M1、M2略晚。

桐梓县是贵州宋墓分布较为集中的地区，多数墓内不仅有精美的雕刻，还有多少不一的随葬器物，少数墓葬还出土有买地券等文字资料。这次在观音寺清理的4座宋墓，未见其他宋墓常见的如"妇女启门、守门武士"等题材，显示出同中有异的特征，其墓葬形制和雕刻内容的变化为探讨贵州北部地区宋墓向明墓的演变提供了很好的资料。

（执笔 周必素）

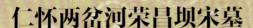

仁怀两岔河荣昌坝宋墓

项目名称：仁怀名酒工业园区建设工程
建设单位：仁怀名酒工业园区管委会

墓葬位于仁怀市三合镇卢荣坝村荣昌坝，距市区 50 公里，处于赤水河支流的罗村河上游，五岔河的下游。墓向 136°。1985 年 8 月因被盗进行过简单清理，出土铁钱多枚，买地券 2 块，其中一块有确切纪年："时以庚寅绍定三年孟冬吉旦置造"（绍定三年即 1230 年）。

因墓葬所在地多次滑坡，整个墓葬倾斜、破坏严重。平面呈长方形，双室并列。每室由门、过道、墓室、左右壁龛、藻井及后龛组成。M1 总长为 4.8、前宽 2.35、高 2.4 米，M2 除长度比 M1 少 0.15 米外，其余尺寸与 M1 一致。

墓门位于墓室前端，各由两扇门组成，均可开合，门上均刻有动物及花草等图案，均残，厚 0.15、高 1.58 米，上下门柱外侧各有门臼，插于门额及门槛两端上的臼窝处。门槛由两块条石组成，

发掘现场

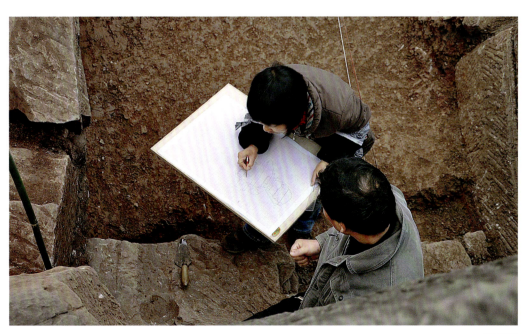

工作照

M2 过道左侧武士雕像

M2 过道右侧武士雕像

M1 过道右侧武士雕像

M2 右侧壁门形雕刻

M1 匾联

M2 后壁龛

M1 后壁龛右侧雕刻

底部中间有一孔，作排水之用。

过道位于门与棺床之间，长 0.67 米，两侧为武士雕刻、武士座，门额内侧靠近棺床处均有臼窝。

墓室长 3.15、宽 1、高 1.8 米。棺床均置于墓室中部，左右两侧各有一条排水沟，墓室左右壁分别由 5 块石板组成，其中 3 块内凹，形成龛状，M1 龛上各有一飞天仙女石刻，M2 龛上则刻有青龙形石刻。M2 左侧壁雕花，右侧壁雕刻门形图案。M2 左侧一块壁石上有一人牵马石刻及文字，因年代久远风化严重，文字模糊难辨。墓室顶部均有藻井，M2 藻井中间雕刻有天干、地支及八卦图形。M1 墓室后壁龛龛顶石的正面竖刻有匾联"寿如山岳耸，福似海河深"，附边款为"时以庚寅绍定三年吉旦置造"与"子孙昌盛富足荣华谨题耳"，匾联两侧各雕刻有一飞天仙女抬栱。M2 墓室后壁龛龛顶

石的正面上刻有"后昆福阴"匾联，两侧亦各雕刻有一飞天仙女抬栱。

M1 后龛壁上刻有斗栱形房屋，中间刻有女主人坐像，其左为男童献茶，右为女童摇扇。龛左为少女启帘，右为妇人倚椅石刻，龛顶石上刻有"月"字。M2 斗栱形房屋中间为男主人端坐椅上像，左右各有一侍女。左右两壁雕刻有男人抱印及男侍端椅石刻。

依据墓内出土的买地券，墓葬始建于 1226 年，竣工于 1230 年。墓主系播州人王兴、李氏八娘夫妇，分别生于 1181 年、1183 年。

墓葬石刻造型精美，雕刻技法多样、精湛，不但内容丰富，极富浓郁生活气息，而且有确切的起建与竣工时间，对于研究赤水河中游的古代历史、社会、经济、阶级关系和民族关系都有重要价值。

（执笔 翁泽坤）

遵义新蒲播州杨氏土司墓地

项目名称：遵义市中桥水库建设工程
建设单位：遵义市中桥水库管理局

为配合遵义市中桥水库工程建设，2012 年 8 月对中桥水库工程淹没区进行了文物调查和勘探工作，确认有 8 处文物点处在水库水淹区内，其中杨烈墓和挨河墓为既往发现的文物点，也最为重要，杨烈墓于 1982 年公布为贵州省级文物保护单位。

2013 年 4 月，率先对杨烈墓（M1）和挨河墓（M2）展开发掘，取得了重要收获。基于此处是播州杨氏土司重要的家族墓地，很有可能还有别的重要遗迹分布，于是对墓葬周边区域进行了细致深入的考古调查和钻探，发现大量新的相关历史文化遗存。

遵义旧属播州，9～17 世纪为杨氏所据，从杨端入播至末代土司杨应龙时传 27 代 30 世，即 30 人先后出任播州统领。经过几代考古人的努力，30 位土司

杨氏土司墓地远景

考古工作人员对杨铿墓进行测绘

杨铿墓全景

杨铿墓前砖墙

中已有 7 位已经找到墓葬，分别是杨粲（13 世）、杨文（15 世）、杨昇（22 世）、杨纲（24 世）、杨辉（25 世）、杨爱（26 世）、杨烈（29 世）。新蒲杨氏土司墓地的发掘，丰富了上述信息。出土墓志铭表明，挨河墓为杨氏土司第 21 世杨铿夫妇合葬墓。根据杨铿墓志的内容，结合现场勘查，杨氏土司第 14 世杨价的墓葬也在附近。

杨烈墓位于遵义市新蒲新区新蒲村官堰组，为双石室并列夫妻合葬墓，居于整个墓地的最西端，背靠营盘山，面向老鸦岩，前临仁江（亦称洪江）。地表原立有墓碑，标明墓主为杨氏第 29 世杨烈。1998 年年初，该墓因被盗而进行过抢救性清理。2013 年 11 月，启动对杨烈墓的发掘，这次对杨烈墓的发掘是在 1998 年发掘的基础上进一步全面的发掘清理。

该墓依坡而建，距仁江河面垂直高度约 70 米。墓地常年耕种，多次被盗，不仅墓门已完全暴露，巨大的墓顶石也暴露一段。残存的封土堆顶部平坦，东

杨铿墓南室结构

西宽约 13 米，南北长 14 米。女室顶部封土厚 1.5 米，男室厚 1 米。男、女两室结构基本相同，规模也近似。墓室用巨大的青石营建而成，平顶，平底，无龛。墓前存石翁仲 1 对，高近 3 米，相向而立。另有残石碑 2 通，碑座尚存。

　　杨铿墓与杨烈墓相距仅 180 米，墓葬背山面水，背靠营盘山，前临仁江，面向熊家岩，处在营盘山前一坡度平缓的小土丘前端。墓葬遭到数次盗掘，墓室、墓门等已悉数被打开，破坏较为严重。

　　杨铿夫妇墓的墓室均已全部暴露在外，墓门已被打开，墓室内部一目了然，清理工作主要放在弄清楚整个墓葬的结构和建造过程，为整个墓葬的异地搬迁保护做好基础工作，在清理中不仅对所有墓室进行了详细的测绘和编号，还对整个墓室进行了全方位扫描。此外，还在杨铿墓及其周边展开重点针对窑址和采石场的调查和清理，确认了几处窑址和采石场，确定了修墓所需砖和石料等建筑材料均为就地取材。

　　发掘清理表明，杨铿夫妇墓系用巨大条石砌筑而成的大型同坟异穴合葬墓，共 3 个独立的墓室，呈长方形，结构、大小均相同，仅墓门、墓顶等装饰略有差异，由前室、墓门和后室三部分组成，每室间砌有隔墙，护墙为八字形土墙，各面扣合处凿有榫槽。中、南两室前两米处中轴线上，埋有墓志铭 2 盒。

　　中室前室与后室之间为墓门，墓门外横陈封门条石和抵门石。墓门有门扉一扇，中有门扣，门扉背面装饰有方格纹、忍冬纹和球纹格眼，另一扇已毁坏。墓顶中部为覆斗形藻井，藻井中部为存放铜镜的凿孔，凿孔周围篆刻四字，为"寿山福海"，两侧壁有龛无装饰，后壁无龛，饰有减地壶门。墓底为一整石砌成，上面放置棺床，棺床与左、右、后三壁

形成三道沟槽，起排水防潮作用。

　　中室墓门前端椭圆形砖包封土墙从北室右壁内侧延伸至南室左壁内侧，压住中室墓门前方及杨铿墓志，长径 2.92、短径 2.89 米。在砖墙南北两侧即南、北墓室正前方发现有 2 排柱础石，前排 6 个，后排 4 个，后排 4 个紧贴南室和北室前室立石，其中两个压在砖墙之下，前排 4 个与之正对，其余 2 个靠近八字形墙。从柱础石的排列推测，当时杨铿夫妇墓室前方曾建有对称的房屋，从柱础结构及其与砖墙的叠压关系来看，其性质可能为修建墓室及看护墓室的临时性建筑。

　　杨铿墓早年被盗，在中室与北室间发现有长 3、宽 1、深 4 米的盗洞，盗至中室底板石下腰坑，腰坑长 1.5、宽 1.1、深 0.8 米，腰坑中置一长条形石板，长 1.38、宽 0.8、厚 0.35 米，石板上凿有圆柱形孔，石板四角放置大量桐子，腰坑部分被盗毁，使石板向左倾斜。

　　南（田氏夫人墓室）、北墓室结构同中室。南室墓门已完全不存，但两侧壁龛、藻井和石棺床保存较好，前室残存有一定数量的随葬品。北墓室抵门条石、封门大石板和墓门虽被局部破坏，但均有保留，前室内亦有一定数量的随葬品出土。

　　杨铿墓中室、南室前方均发现有残存的碑座垫石和埋藏墓志的石函各 1 处，出土墓志铭 2 盒，分别为杨铿墓志和田氏墓志。两盒墓志铭均有篆书志盖和楷书志石各 1 方，两方铭文相对叠合，外用铁皮封成十字，出土时盛装在一石盒中。杨铿墓志在中室墓门外中轴线上出

杨铿墓志志盖拓片　　　　　　杨铿墓志志石拓片

田氏墓志出土情况　　　　　　田氏墓志志石拓片

土，志盖文字阴刻，表面涂朱，篆刻有"明故亚中大夫播州宣慰使司宣慰使杨公墓志铭"，志文楷书，约 2500 字，记述了播州杨氏家族史、部分土司传承关系，并重点记述了杨铿向明朝廷臣服后，为朝廷率军出征的功绩等。田氏夫人墓志铭在南室墓门外中轴线上出土，志盖文字阴刻，篆刻有"明故播郡太淑人田氏墓志铭"，志文楷书，1000 余字，记述了部分田氏家族史和部分土司传承关系及周边宣慰使司的姻亲关系。

杨铿墓虽然被盗扰严重，但在清理过程中出土的随葬遗物有陶骑马俑、铜香炉、铜镜残片、玉叶和料珠等，共 52 件（套），出土的陶骑马俑较为完整，形象丰富，栩栩如生，生动逼真，为研究明代播州人物形象、服饰、雕塑艺术、社会生活等方面的实物例证，极为珍贵。

杨铿墓志铭记载，铿死后袝葬于"洪江原"，"威灵英烈侯墓之右"。据《杨氏家传》，杨氏先人中，仅第14世杨价获封"威灵英烈侯"。则价墓在铿墓之左。以死者之左右为左右，并审以"风水"，价墓应在铿墓以西、烈墓以东俗称"石墙"的高敞之地。

通过调查与试掘，我们确定"石墙"凡两圈，多处存在叠压关系，一期石墙平面近方形，以黏土岩板材立砌而成，中填土，顶覆以小青瓦。墙宽2、周长442米。二期墙平面呈圆形，以方形泥灰岩砌筑而成，以两面坡石料为顶。墙宽0.7、周长422米。二期墙应是杨烈墓墓垣，而一期墙即可能与杨铿墓墓志所提到的杨价墓相关。

我们对石墙围合之地的中央部位进行了钻探，发现两个长约8、深5米的土圹，随即对其进行了清理，经过发掘得知，这是一座带墓道、双室并列的大型土坑木椁墓，墓葬平面呈凸字形，后端双室并列，墓室均长约8.5、宽6米，墓底距

地表约5米，两室中央有宽2、长17米的生土隔梁彼此隔开；前端两墓连为一体，共用一条墓道，共用墓道残长8.5米。墓室、墓道总面积约361平方米。

目前，在女室头箱出土了7件金银器，狮钮银执壶、银烛台、银瓶、银匙、银筷、金杯、金盘各1件。男室头箱出土了25件金银器和1件玉器（单耳杯），银器19件，执壶2件、温碗1件、碗4件、杯2件、盘2件、盖1件、钵1件、茶托5件、盒1件；金器6件，盘、碗、筷、匙、茶托、杯各1件。在男室右侧棺椁间出土了双金鱼银洗、银烛台、银温碗、银执壶等，左侧棺椁间出土了环首金柄铁剑（带金鞘）、木胎银皮盾牌和弓箭，棺前还有3件漆木板不明器物。在棺内发现有银抓钉、铁棺环（以上为棺装饰）及银饰件（置于棺内）等，鉴于棺木严重腐烂只剩漆皮，加上器物情况复杂且破损严重，为了确保资料提取的完整性和系统性以及出土器物的保护，已将两棺一并套箱提取，送至中国社会科学院

杨铿墓南室出土铜鼎　　　　　杨铿墓中室腰坑出土桐子　　　　　杨铿墓南室出土玉叶

杨铿墓南室出土骑马俑

杨铿墓北室出土骑马俑

杨铿墓北室出土骑马俑

杨铿墓北室出土骑马俑

一期石墙出土瓦当

二期石墙出土脊兽

营盘遗址

跳墩桥遗址

考古研究所进行实验室考古。

我们认为该墓是第 14 世杨价墓，第一期石墙为其墓垣。理由如下：第一，第 21 世杨铿墓志铭所提到的"威灵英烈侯"的明确指向；第二，墓葬填土内所出板瓦、滴水与一期墙上所见者完全相同，清楚表明二者的同时性和相关性，且一期墓垣的建筑方式与海龙囤一期城（始建于 1257 年）、养马城相同，所出

板瓦亦如出一辙；第三，墓内出土的象（狮）钮银执壶温碗、盘龙金杯金盏、银瓶等器物具有鲜明的宋代特征。

杨价墓是目前发现发掘确定的第 9 座播州杨氏土司墓，是唯一的土坑木椁墓（余均为土坑石椁墓），是唯一未经盗扰的杨氏土司墓葬，而且对墓外祭祀建筑如墓垣等进行了系统科学的钻探与发掘，提取了整个墓葬及墓园的完整资

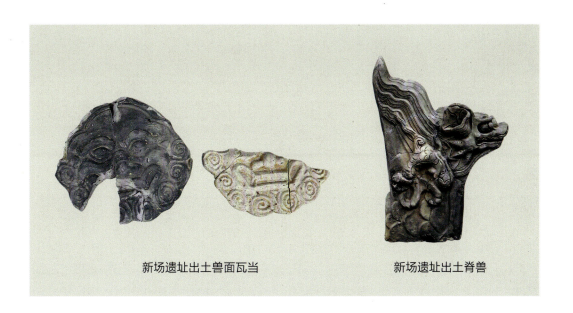

新场遗址出土兽面瓦当   新场遗址出土脊兽

料。墓内出土了一套完整随葬器物，在棺外头箱及棺椁间有序摆放，南宋时期金银器物在贵州尚属首次发现，有的器物亦属于首次发现。播州杨氏土司以南宋时期最为强盛，尤其是杨粲、杨价、杨文统治时期，史称"播州盛世"，该批金银器的出土，也是对史载的印证。从此地已知的杨烈墓、新确认的杨铿墓以及杨价墓组成的杨氏土司墓群，确定是播州杨氏土司祖茔，不但对播州杨氏土司的埋葬制度和丧葬习俗，而且对土司历史、考古以及美术史的研究都具有极高的学术价值。

在发掘同时，我们对杨铿墓和杨烈墓的周边进行了细致的调查，新发现遗址数处，计有新场遗址、营盘遗址、溪脑壳遗址、官殿堡遗址、窑址坪窑址、干溪窑址、挨河窑址、采石场、跳墩桥遗址等，并重点对新场遗址进行了发掘清理，发现少量建筑基础和大量建筑构件。此外，我们在杨铿墓及其周边展开重点针对窑址和采石场的调查和清理，确认了几处窑址和采石场，确定了修墓所需砖和石料等建筑材料均为就近取用。

遵义新蒲有已知的杨烈墓、新确认的杨铿墓和杨价墓组成的杨氏土司墓群，是播州杨氏土司较为集中的祖茔之一，是贵州考古的一项重要新发现，具有极其重要的历史和科学价值，必须及时采取积极的保护措施，对其进行科学、有效的保护。

（执笔 彭 万）

开阳平寨宋明岩洞葬

项目名称：大花水水电站建设工程

建设单位：贵州乌江水电开发有限责任公司

2004年年初，根据当地村民提供线索在开阳县高寨乡平寨村么罗寨发现岩洞葬1处，后对大花水水电站施工区及库区进行文物考古调查时，另在围坡田洞、观音洞、仓口洞发现岩洞葬3处。2004年5～6月，贵州省文物考古研究所对这4处岩洞葬进行了清理（因观音洞位于断崖上，工作人员无法进入该洞穴，仅由当地村民进入洞穴采集部分遗物）。

此次清理岩洞葬均在开阳县境内，除仓口洞位于顶趴村民组后山外，其他3处岩洞葬均位于顶趴村民组到么罗寨村民组的清水江左岸。

围坡田1号洞（顶趴—么罗寨段清水江围坡田第1个岩洞），洞长22、宽10.3、高4.1米，洞向73°，总面积约200平方米。多为岩石，仅在其南侧靠洞壁处有地层堆积，在该区域共布4米×

围坡田一号洞外景

4 米探方 4 个。

第 1 层为黄褐色沙土，质地疏松，厚0.02 ～ 0.05 米，包含物为青花瓷片、料珠、人骨、棺板。第 2 层为灰白色沙土，夹杂大量碎石块，质地疏松，为洞顶碎石崩塌后形成，厚 0.15 ～ 0.25米，包含物为人骨、陶片、料珠、骨簪、铜手镯等。第 3 层为原生层，为片状石灰岩夹杂灰色、红色页岩。无任何文化遗物。

围坡田一号洞发掘前

该洞出土遗物有人骨（牙）50 余件，黄褐色及褐色方格纹夹细砂陶片 3 片，釉陶罐残片 1片，残铜手镯 3 件，铁器残片 1 件，骨簪 1 件，骨制品 1 件，料珠 58 颗，蚌器 1 件，动物骨骼（猪蹄）1 块，残棺板 1 块。

幺罗寨岩洞葬内景

仓口洞位于平寨村顶趴村民组后山上，长 8、宽 3.9、高 2.9 米，洞向 90°，面积约32 平方米。

遗物主要分布于洞内西南角地表，采集遗物有人指骨 2 截，方格纹敞口圜底陶罐碎片 57 片，残铜饰，骨簪 9 件，骨制品 1 件，穿孔海贝 110 枚，料珠 370颗，景祐通宝 1 枚，皇宋元宝 1 枚，熙宁元宝 1 枚，洪武通宝 2 枚。

观音洞位于平寨村幺罗寨村民组东

面约 200 米的一处断崖上。

遗物仅位于洞口地表上，采集遗物有人肢骨 2 截，细绳纹侈口圜底罐碎片43 片，残铜丝 4 截，骨珠 1 颗，料珠 185 颗，骨簪 2 件，穿孔海贝 2 枚，嘉祐通宝 1 枚。

幺罗寨洞位于平寨村幺罗寨村民组后山断崖上。长约 3、宽约 3 米，面积约 9 平方米，洞向 100°。洞内棺木已朽，仅存棺木残片分散于洞内各处。

遗物主要分布于洞口处，采集遗物有头骨碎片 3 片，黄褐色及褐色方格纹敞口圜底陶罐碎片 75 片，骨制品 1 件，

仓口洞出土陶片

仓口洞出土骨簪、骨制品、穿孔海贝、料珠

幺罗寨洞出土陶片

观音洞出土陶片、料珠、骨簪

穿孔海贝 1 枚，料珠 310 颗。

本次清理发掘的 4 处岩洞葬，由于处于人类相对容易到达的岩洞内，均受到较大的破坏，出土遗物残缺不全，几处岩洞葬有以下几点相同：埋葬时均使用棺木，根据发掘时对棺木碎片的观察，应为薄木板制成；棺木放置位置没有固定要求，一般放置于洞穴靠里处，贴近墙壁，直接放置于地面上；随葬品种类少（破坏较大），一般均有穿孔海贝、料珠、骨簪、陶器碎片，应为墓主日常生活用品，死后即随葬。

这批岩洞葬，同贵州平坝、花溪高坡等地的岩洞葬相比，埋葬死者数量少，使用洞穴也很小，最大围坡田 1 号洞，面积近 200 平方米，通过出土人骨（牙）分析，可能埋葬个体为 3 人，其中成年 2 人、小孩 1 人。其余各洞埋葬个体仅 1 人。

通过以上几点可知，这几处岩洞葬应为同一族属的岩洞葬，但年代上有一定差异。根据伴出的钱币，大致推测这些岩洞葬的年代应为宋明时期。由于观音洞仅出土 1 枚宋代钱币，且出土陶片纹饰为绳纹，年代上可能早于仓口洞。围坡田洞和幺罗寨洞虽未出任何纪年文字材料，但出土器物与仓口洞等相同，

故其时代相近。而这批岩洞葬中出土陶片的纹饰和形制相似或接近于平坝棺材洞、干河坝石棺葬等宋明时期墓葬中所出陶器，其年代也应为宋明时期。

从历史沿革看，宋时开阳地属蛮州（羁縻州）绍庆府，元代属乖西军民府，明清时期多属水东宋氏管辖区内，宋明时开阳多为边鄙羁縻之地或由土司管辖的少数民族聚居地。仡佬族早年埋葬方式为"悬棺葬"或"崖葬"。如"百苗图"中的"红仡佬"条：亲死，殓以棺而不葬。置岩穴中，或临大河，不施蔽盖，而傍树木为主，其名曰"家亲殿"[1]。明《嘉靖贵州通志》卷三《风俗》"龙里卫、平伐司"："花仡佬，性獷戾，居深山，言语莫晓，婚嫁论牯牛，大者为上，死则置于山洞……妇人盘髻，贯以长簪……杂缀海、铜铃、青白绿珠为饰……男子椎髻，上插白鸡毛，白布短衣，男女以蜡画布衣，首饰海（贝巴），青白小珠。"[2]龙里卫辖地即在今龙里县境内，平伐司即"平伐长官司"，其辖地靠近龙里卫[3]。平寨靠近龙里县，岩洞葬出土随葬器物也同花仡佬的服饰特征相同。因此，这批岩洞葬族属应为花仡佬。

（执笔 胡昌国）

① 李汉林：《百苗图校译》，贵州民族出版社，2001 年，第 212 页。
② （明）张道撰、谢东山删正：《嘉靖贵州通志》，《中国地方志集成·贵州府县志辑①》，巴蜀书社，2006 年，第 271 页。
③ 王燕玉：《贵州省各市县沿革》，《贵州史专题考》（修增版），贵州人民出版社，1986 年，第 247 页。

天柱远口瓦罐滩窑址

项目名称：白市水电站建设工程
建设单位：湖南五凌水电开发有限责任公司

　　窑址位于天柱县远口镇中团村，2004 年为配合白市水电站建设时调查发现，2009 年 9～12 月对其进行了发掘。该窑为龙窑，以烧制青瓷器为主，兼烧酱釉瓷器和黑釉瓷器。窑址内一共出土了完整或可复原瓷器、窑具近 4000 件，器物胎体较薄，矮圈足、足墙较宽，足脊平，以碗、盘、茶盏数量最多。装饰手法有彩绘、模印、划花、堆塑、堆粉等。部分碗底有圆形拇指或工具压印痕迹，为该窑址出土瓷器的显著特点。出土窑具种类不多，可分地柱（支座）、羊角形窑具、垫饼、垫圈、垫条、垫棒、楔形垫具、弧形垫具等。地柱、羊角形窑具、楔形垫具较规整，应为事先烧制以备使用。其余几类，则根据需要临时

H2 瓷器出土情况

出土瓷器与窑具

红烧土面

使用瓷泥捏制，故形制多不规整。垫圈，部分与地柱配合使用；垫饼，多直接置放在窑床底部，故无器底痕一侧往往比较粗糙，有窑渣、砂粒、泥土等黏附其上；楔形垫具，从残存的现象看，多与地柱、垫圈配合使用。从釉色、器形和装饰手法等方面看，该窑址发展可能受到了钧窑、建窑以及衡水窑、长沙窑的影响。

根据四川大学博物馆对瓦罐滩窑址出土瓷器的分析，以及对相邻地区考古发掘出土的瓷器进行的对比研究，推定瓦罐滩窑址的年代大致在宋元时期，主体年代为元代，生产的瓷器主要为制作较简陋的粗瓷，其主要销售范围为贵州东南部和西南部，在北盘江考古工地上出土的部分瓷器可能都是由该窑址烧制。

该窑址的发现发掘，不仅对于解决黔东南或者周边相邻地区出土瓷器的窑口问题有所帮助，而对于贵州这片相对于中原地区发展略微滞后区域的瓷业生产情况研究更具有重要意义。

（执笔 白 彬 于孟洲 胡昌国）

天柱江东溪口窑址

项目名称：托口水电站建设工程
建设单位：湖南五凌水电开发有限责任公司

窑址位于天柱县江东乡乡政府驻地西南约200米处，一条小溪自东北向西南穿过江东乡汇入清水江，窑址就分布在清水江东岸，江东小溪南岸的一级台地上，距天柱县城约30公里。2004年为配合清水江托口水电站的建设调查发现该窑址。2010年12月对该窑址进了发掘。因受现代砖瓦窑长期取土破坏，窑址部分已不存在，形制不清，只残存部分窑包。清理该窑包时，按探方发掘法清理，清理面积约12平方米。

清理该窑包时，出土大量瓷器。瓷器的釉色以青釉为主，黑釉、酱釉次之，尚有部分器物未施釉或施半釉。出土瓷器的器形较为丰富，可分为两大类，一类是日常用器，器形计有碗、罐、盘、

窑址发掘前

窑址发掘工作照

晚上加班修复瓷器

碟、盏、杯、钵、盏托、擂钵、壶、网坠、器盖等。一类是烧制瓷器时所用的窑具，种类计有匣钵、支钉、垫圈、垫饼、码脚、碾、垫托等。瓷器的烧造工艺有覆烧、叠烧、垫烧和套烧等。该窑包出土瓷器器形丰富，数量庞大，目前已修复300余件。经初步统计，总数逾2000件。

通过对比资料分析，该窑址的时代为南宋至明初，烧制持续时间较长。据调查，在清水江沿岸，这样的瓷窑分布地点已发现几处，但通过科学考古发掘的仅有瓦罐滩和江东溪口两处。在贵州境内，同时期的瓷窑均未做过科学的考古发掘，因此，该窑的发掘，对了解贵州陶瓷史具有重要意义。

地层堆积

瓷器出土现状

瓷器出土现状

已修复的各类瓷器

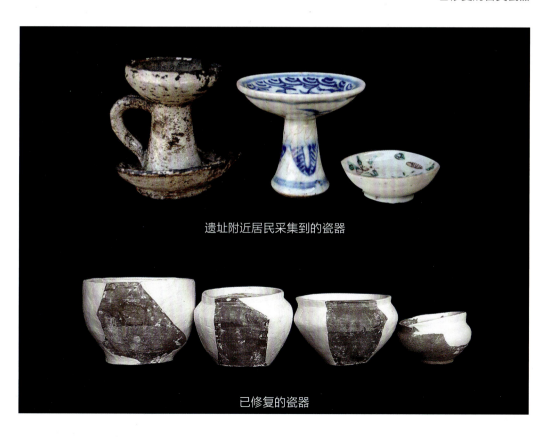

遗址附近居民采集到的瓷器

已修复的瓷器

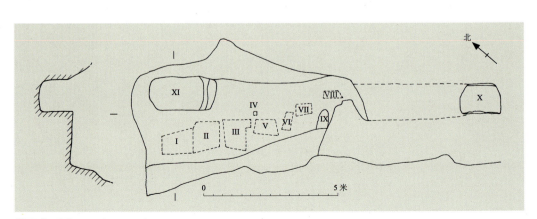

惠水大龙乡岩画

项目名称： 惠水至兴仁高速公路建设工程
建设单位： 贵州高速公路开发总公司

岩画地点位于惠水县大龙乡长征村洞口组，2009年对惠兴高速公路进行考古调查时发现。地理坐标为东经106°34′49″、北纬26°05′30.9″，海拔1212米。岩画绘于一个岩厦内侧的岩石上，总长约8.3、宽约1.6米，总面积超过15平方米，岩画为红色，以马、骑马、牵马、人执器等形象为主，最粗线条4厘米，最细线条1厘米。岩画分布按照集中程度，可以分为11个相对集中的区域，本文将其命名为Ⅰ～Ⅺ区。

Ⅰ区可辨识图形4个。人骑马图形3个，有2个朝向右侧，1个朝向左侧；马图形1个，朝向右侧。在Ⅰ区下方，有一块由点状组成的区域，中间似有实线分隔，可能象征田地。

Ⅱ区可辨识图形13个，是图形最为集中的区域，保存最为完好。骑马图形6个，皆朝向右侧；马图形2个，皆朝向左侧，其中1个仅有马身，未画马腿；人牵马图形1个，朝向右侧；人牵马载人图形2个，朝向右侧；立人像2个，皆穿着袍状服饰，其中1个手执竿，竿顶端弯曲，袍上有"X"形图案。

Ⅲ区可辨识图形8个。人骑马图形6个，皆朝向右侧；马图形1个，朝向右侧；人图形1个。

Ⅳ区可辨识图形1个，为人骑马图形，朝向左侧。

岩画分区图

Ⅰ区

Ⅴ区由于石灰岩溶水侵蚀严重，无可辨识图形，仅见红色痕迹。

Ⅵ区可辨识图形1个，为人骑马图形，朝向左侧。可辨识文字10余个，仅可识读"立约"二字。

Ⅶ区可辨识图形1个，可辨文字7个。图形为马，朝向右侧。文字为"立约当水田文书"。

Ⅷ区可辨识图形3个。人形图形1个；人执物图形1个，所执物为条状，呈弧形，人双手托举状执物；马图形1个，朝向右侧。

Ⅸ区可辨识图形2个，皆为人骑马图形，头皆朝向右侧，其中一个略下倾，一个略上扬。

Ⅹ区可辨识图形3个。人骑马图1个，位于该区最右侧；似人执竿牧牛图形1个，位于该区中部；似人脸图形1个，位于该区最左侧，似人脸图形为圆形，边缘有3个椭圆形图案围绕，呈辐射状，圆形外围有一圈红色线条围绕。

Ⅺ区绘于岩厦上部的一处灰岩壁龛内侧，可辨识图形3个。人图形2个，马图形1个。

惠水大龙乡岩画与毗邻的长顺县威远镇付家院岩画从造型和内容上都较为类似，可能为同一时期同一族群的遗存，年代可能为宋明时期。

（执笔　张兴龙）

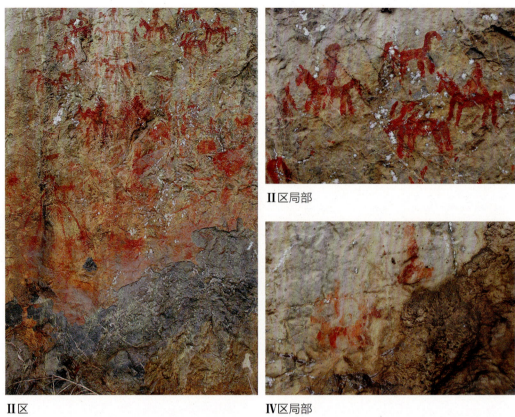

Ⅱ区局部

Ⅱ区

Ⅳ区局部

Ⅲ区

Ⅵ区局部

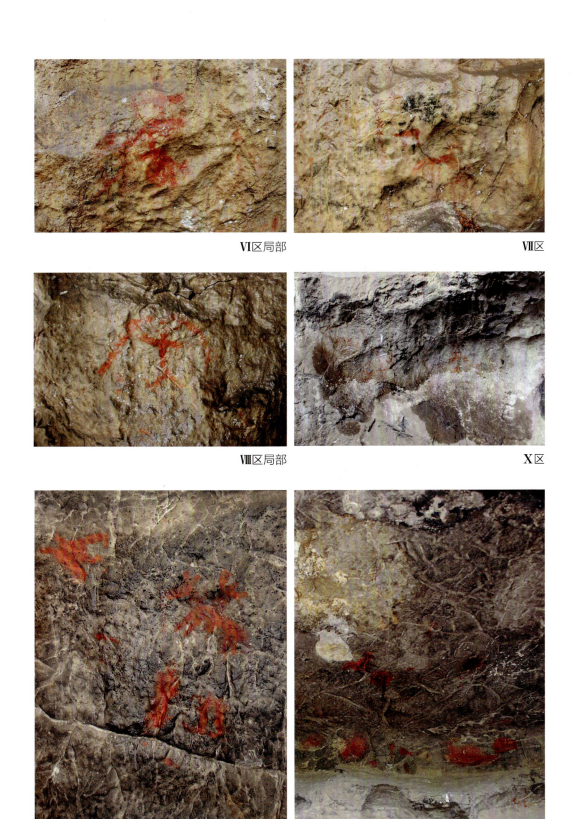

VI区局部

VII区

VIII区局部

X区

IX区局部

XI区局部

遵义高坪元墓

项目名称： 遵义市汇川区高坪工业园区建设工程

建设单位： 国家级遵义经济技术开发区高坪工业园区建设指挥部

2011 年 7 月底，在遵义市汇川区高坪工业园区施工过程中掘出 1 座元墓，墓内出土镇墓券 2 方。闻讯后，我们迅即对已遭破坏的墓葬进行了抢救性清理，并采集了流散民间的 2 方有"河图洛书"的镇墓券相关信息。

墓葬位于汇川区高坪镇双狮村乐村组何家岭岗，北距遵义市区约 11 公里，东距高坪镇镇政府所在地约 1.2 公里，恰处在高坪工业园区成功汽车城的建设范围内。地理坐标为东经 106°55′00.9″、北纬 27°49′14.8″，海拔 946.6 米。墓葬枕山面水，充分考虑了风水的因素。其北系一尖山，东南有小溪，1957 年于此建成一小型水库，向南注入湘江。

该墓为一座同坟异穴的夫妻合葬石室墓，互不相通，彼此相距约 0.9 米。残存的封土直径约 5、高 1.2 米。男室已被施工挖毁，仅残存近底的部分土圹，女室石室一半尚存。根据残存的石板及其印痕，可大致复原女室的结构，平面略呈中字形，由长方形墓室及左右两侧的壁龛组成。墓室内长 2.23、宽 0.83、高 0.95 米，清理时仅存右侧（以墓主人——背山面水之左右为左右，下同）壁龛，龛宽 0.73、进深 0.12、高 0.53 米。墓室用加工整齐的大石板营建而成，底铺 3 块大石板形成棺床，除头端一块外，其余 2 块与墓壁相接处均凿有浅槽，作排水用，槽宽 5、深 1 厘米。头、脚两端分别用两块石板上下叠砌以成墓壁，左右两墓壁除壁龛外，均用一块整石竖立作壁。左右壁龛下部立石板 2 块，内侧石板与左右墓壁平齐，外侧石板上再叠石板一方，其与墓壁石板相接处，于后者上略凿浅槽，相互扣合，再于其上横小石一方，形成壁龛。墓顶覆以大石板，石板断面略呈凸字形，以与墓壁石板扣合。石板大小不等，厚 0.14～0.2 米。

结合残存的土圹、石板构建（女室左壁仅存的近头端石板在壁龛一侧凿有浅槽，结构和与之对称的右壁石板同），以及现场工人的回忆，每一墓室均有左右两个壁龛，已挖毁的男室大小及结构与其右侧的女室相当。所有石板素面无纹。

墓内遗骸不存，但遗有少量残朽的棺板及大量铁棺钉。

出土镇墓券 2 方，据其目前的持有人王彦凡（乐村组村民，1956 年生人）兄弟回忆，保存较好的一方（券一）出

墓葬环境

于右侧墓室（女室）的右壁龛内，较差的一方（券二）出于左侧墓室（男室）的左壁龛内。均为砂石质，长方形，大小相仿，一面阴刻铭文及图案，一面光素，图、文内容大同小异。

券一，长31～31.4、宽24.2～24.6、厚3～3.5厘米。保存较好，图文清晰，出自女室右壁龛。券之正面外围依券石形状阴线刻出两个相套的长方形框，框之四角有短线相连。两框之间的梯形带上，分别饰以圆圈和线条相连的内外两重图案，是为河图洛书。依圆圈数，下端内为1、外为6，上端内为2、外为7，左侧（以读图者之左右为左右）内为3、外为8，右侧内为4、外为9。券之正中，亦有图案，上为5、下亦为5，其间空白

处右书"元亨"，左书"利贞"。圈或虚或实（虚其中而成圆圈，实其中而成圆点），似无一定之规。

内侧长方形框内从右至左阴刻铭文为：

大元播州高平大道弟子黄氏大娘，乙巳四月十」五日丑时生，今于本傍丑山之原建立寿堂，」为己身凭用，俾使」元亨、利贞」来显，大安大荣者，一如」女青诏书盟文律令。」乙酉至元二十二年九月十三日壬午直吉时告下。（标点新加）

券二，长31～31.5、宽24.3～24.5、厚3.1～3.5厘米。出自男室左壁龛。券之正面下半部覆盖有一层钙化胶结物，致使部分文字模糊难辨，或已磨泐不清。券四周及中央的河图洛书，与券一同，

墓葬结构

仅铭文的墓主及其生年稍异。文曰：

大元播州高平大道弟子杨……庚子正月十丨五日巳时生，今于本傍丑山之……立寿堂，丨为己身凭用，俾使丨元亨、利贞丨来显，大安大荣者，一如丨女青诏书盟文律令。丨乙酉至元二十二年九月十三日壬午直吉时告下。丨（标点新加）

从铭文看，这是两件墓主为自己修建墓葬（寿堂）时置于墓内的生墓券。该墓系杨氏及其妻黄大娘的合葬墓。铭文表明，杨氏生于庚子年（1240 年）正月十五日，其妻黄氏生于乙巳年（1245 年）四月十五日，于至元二十二年（1285 年）九月十三日建寿堂，是年，夫 45 岁，妻 40 岁。

（执笔 李 飞）

镇墓券

贵阳青岩明墓

项目名称：贵阳市高速南环线青岩堡安置点建设工程
建设单位：贵阳通源道路建设开发有限公司

2007年6月11日，在修建贵阳市花溪区青岩镇南街村菜园地停车场时发现2座石室墓，6月16～25日对其进行了抢救性清理发掘，共清理明墓2座，编号为M1、M2。墓葬虽早期被盗扰，且再经施工破坏，但仍出土有银发簪、铜烟斗、釉陶罐和瓷碟等遗物，不失为较重要的发现。

南街村菜园地位于青岩古镇南约500米处，明清墓葬交错分布，墓上封土皆被破坏殆尽。2座明墓均为石室墓，竖穴式墓圹，长方形石板券拱，由墓道、挡墙、墓门、墓室和护墙等部分构成。从护墙内石板的叠压关系分析，M1、M2系同时修建，填土多为回填的黄黏土，墓室内有木棺（已腐），棺表有红漆，

墓地全景

棺底铺有石灰。仅M2右侧墓室残存人骨，葬式为仰身直肢葬，墓向62°。

M1为单室券顶墓，由墓道、挡墙、墓门、墓室、后龛和圆形护墙组成，全长5.7米，方向62°。墓道长1.7～1.8、宽2.2～2.7米，呈斜坡状，坡度12°。填土为褐色，内夹杂大量细石颗粒，呈片状。挡墙设于墓门外两侧，与墓室垂直，仅见西侧挡墙，长约0.46、宽约0.48、残高约0.95米，挡墙系用11层细薄石板砌成，下部窄、上部宽。依墓口形态，推测墓门共有3块，中间部位墓门不存，两侧分别仅存小块，位置少许偏移，宽0.6、残高0.62、厚0.06米，墓门下基座长1.2、宽0.56、厚0.1米。墓室呈长方形，长2.8、宽2.6、残高1.72米，墓壁系长方形石板横向和竖向交错层叠而成，共6层，于墓室后壁自下而上第3层中部位置有一龛，龛宽0.58、进深0.38、高0.36米。墓室底部未铺石板，范围为长2.04、宽1.82、深0.1米。从墓室后壁顶部呈近半圆形判断，墓室顶部应为券顶，在墓室内右侧近后壁处出土2件残釉陶罐。护墙近圆形，墓室外修建，包围墓室的左右后壁，系用不规整小石块层铺而成，护墙外侧紧靠墓圹壁，直径3.8米，在护墙填土内出土1件铜锁。

M2为多室券顶墓，由墓道、挡墙、前室、墓门、后室（可分左右两墓室）、后龛和圆形护墙组成，全长6.75米，方向62°。墓道长1.1～1.28、宽2.3～2.44米，呈斜坡状，坡度24°。填土为黄褐色，内夹杂较多细石颗粒。挡墙设于墓门外

的两侧，与墓室垂直，长0.3、宽0.18、高0.94米，挡墙系用11层细薄石板砌成，石板厚0.04～0.12米，挡墙上下部宽度基本一致。前室作为后室（棺室）的延伸部分，于墓室的前部中央位置竖立2块长方形石条，左右两侧有凹槽，墓室左右两内侧亦分别有一凹槽，在两凹槽间分别立1块宽薄石板，石板宽1.04、高1.1、厚0.1米，在石板底部有层叠的挡门石，共4层。前室长1.2、宽2.8、残高1.1米，底部铺长方形石板，内填土为黄黏土，湿润，无包含物。墓门为活动式，仅存左侧墓室的左边一扇门，门上有钮环的钻孔，孔径0.02米，依墓门结构判断，其左右两室应分别各有两扇门，并有转轴起承轴作用。墓门宽1.05、高1.05、厚0.15米。

后室长2.76、宽2.8、高2.04米，分左右两室（棺室），左右两室形制和规模一致，以右侧墓室为例予以说明，右侧墓室的左右墓壁系长方形石板层叠而成，后侧墓壁为长方形石板横向和竖向交错层叠，共5层，并在墓室后壁自下而上第3层中部位置有一龛，龛宽0.3、进深0.28、高0.3米。墓室底部中央部位未铺石板范围为长2、宽0.32、深0.1米。墓室顶部有券顶，前侧墓门位置处的墓壁与券顶间横置一长方形横梁，再于横梁上竖向砌半圆形石板，形成券顶的基座，券顶宽0.4～1.26、高0.44米，墓室顶部券顶内侧呈半圆形。墓底有棺木痕迹，棺木外侧有红漆，且有数枚棺钉，人骨保存状况较差。左侧墓室仅见棺木

M1、M2 俯视图

1 块和数枚棺钉，龛内平置 1 件釉陶罐。右侧墓室底部有棺木朽痕和人骨存在，惜人骨保存状况较差，仅存少许肢骨、盆骨和下颌骨，葬式为单人仰身直肢葬，双手放于身体两侧，棺木下铺石灰，且头部位置石灰呈块状，头部位置出 3 件随葬品，分别为铜烟斗、银发簪和瓷碟。墓主为女性，年龄在 25 ～ 30 岁。护墙近圆形，墓室外修建，包围墓室的左右后三侧面，系用不规整小石块层铺而成，护墙外侧紧靠墓圹壁，残直径为 4.56 ～ 4.8 米。

这两座墓早期虽曾遭盗扰，且在基建中破坏严重，但仍出土有瓷器、釉陶器、银器和铜器等器类，共计 7 件，另在墓室内有数枚棺钉。陶瓷器共 4 件，其中

釉陶器 3 件、瓷器 1 件，有釉陶高领罐和瓷碟。银器 1 件，为发簪。铜器 2 件，烟斗、锁各 1 件。

虽然这两座墓皆未见任何有纪年的遗物，但其墓葬形制与贵阳紫林庵明墓相似，皆为长方形券顶石室墓，有石门，墓室后壁设壁龛。出土遗物中的釉陶高领罐与福泉县城外绕公路明墓的 III 式陶罐形态相似，推测其时代为明代早中期。从紫林庵明墓明故张夫人李氏墓志铭"夫享春秋五十有二，以成化丙申正月六日而卒，……今己亥七月六日之吉，爰举大事"的记载，可知紫林庵明墓的修建年代当不晚于明成化己亥年（1479年）。因此，从其墓葬形制和随葬器物特点的比较可推测此两座墓的年代应为

银发簪（M2：2）

青瓷碟（M2：1）

釉陶罐（M2：4）

明代早中期。

从 M1 和 M2 护墙间石块的相互叠压关系推测 M1 和 M2 系同时修建，其中 M2 右侧墓室的墓主人为女性，左侧墓室不见人骨；M1 因毁损严重未见人骨。《明会典·丧礼·职官坟茔》记载："官为造墓者，夫故在前，并造妻圹，妻故在前，并造夫圹，……继室则附葬其旁，同享一堂，不许另造。"从建造风格及葬俗方面大体可推测此为家族墓。明代单室和双室同时修建的合葬墓在贵阳地区尚属少见，这为贵阳地区明代墓葬的研究提供了新材料。

据《明实录》（贵州资料辑录）和《中华人民共和国地名词典·贵州省》等记载，花溪在明洪武五年（1372 年）置贵竹长官司；茶山百纳、中曹百纳，二长官司合并为中曹蛮夷长官司；置金筑长官司，治斗笠寨（今桐木岭附近），均隶贵州宣慰司，十年升金筑长官司为安抚司。十一年（1378 年）设青岩堡，天启四年（1624 年）筑城以控八番十二司，明末置青岩长官司，为贵筑、定番、广顺三州县交界重镇。知青岩在明初即有建制，墓葬北距青岩南侧古城墙约百余米，就墓室本身所体现的特点分析，墓室做工考究、规模较大、且修砌墓室的石块不是本地所产，从随葬有银发簪等皆可体现出墓主在修建墓室时的财力非普通人家可承受，可间接排除其作为庶民墓的可能，具体身份的认定虽无确切的材料可考证而不能断定，但至少可确定其为青岩堡内有一定地位和财力的居民。值得注意的是 M2 右侧墓室的墓主人头部位置随葬有铜烟斗，且铜烟斗为实用器，斗内可见到烟垢痕迹。烟草原产于美洲，后传入中国，关于烟草传入中国的时间，最具代表性的当属吴晗的万历后期自吕宋传入福建说，1980 年广西合浦县福成乡上窑村明代斜坡式龙窑遗址内发现了 3 件瓷烟斗，发掘者认为嘉靖年间烟草的栽培与吸食风气已经在广西合浦沿海一带相当盛行，把烟草的传入时间提前了半个世纪。据《蚓庵琐语》："烟叶出自闽中，边土人寒疾，非此不治，关外人至以匹马易烟叶一斤。崇祯癸未，下禁烟之令，……崇祯末，遍处栽种，虽二尺童子，莫不食烟矣。"综上所述，可认为烟草传入中国的时间最早可到正德至嘉靖年间。因烟草属于易流通品，吸食、种植和普遍种植有一个较长的过程，此次 M2 所出土的烟斗至少可说明在明中期贵阳地区的人已有吸烟的习俗，这无疑为中国烟草传入时间及路线等方面的研究提供了弥足珍贵的材料。

（执笔 杨 洪）

纳雍百兴石板墓群

项目名称：黔中水利枢纽建设工程
建设单位：黔中水利枢纽工程建设管理局　贵州省水利厅

　　2008年进行黔中水利枢纽工程库区文物考古调查时在毕节市纳雍县发现了一批石板墓。为配合工程建设，2011年6～7月对这批墓葬进行了清理。墓群位于毕节市纳雍县百兴镇杨家寨村雁鹅寨组大坟山，该地现为一斜坡旱地，种植玉米，西南距杨家寨村委会仅500米，其原为荒坡，有较多石板墓葬。20世纪60年代初，将其改造成土地分配给当地村民耕种。

　　此次发掘共清理墓葬49座，从保存人骨的墓葬看，葬式均为仰身直肢，墓葬深浅不一，长1.4～2.7、宽0.5～0.9米，除一座墓葬墓向为35°外，其余墓葬墓向均在150°～230°。墓葬形制大致可分为土坑墓、顶部盖石板土坑墓和石板墓，石板墓墓底、顶、两侧均放置有石板，其中土坑墓共13座，出土随葬品墓葬4

发掘场景

墓地局部

座；顶部盖石板土坑墓共 33 座，出土随葬品墓葬 10 座；墓底、顶、两侧均放置石板墓葬 3 座，出土随葬品墓葬 1 座。

发掘共出土随葬品 81 件（片），主要为装饰品，有银、铜质地，以银饰品为主，约占出土随葬品的 95％，有头饰、耳饰、衣服上缀的银片、扣饰等多个种类。器物纹饰多为凸起圆球形成的几何图案、花卉图案、动物图案等，其中出土的 1 枚蝴蝶纹扣饰尤为精美。

这批器物的制作材料为多项复合。大部分饰片和饰物均为银皮包铜，其中铜质部分锈蚀严重。部分簪上还有木茎保存，故簪应为银、铜、木制作。扣饰

和耳环多为银质，部分耳环上还有银链，还出土有 2 件金银复合饰品，通过对部分器物的测定，其含银量在 90％以上。

这批墓葬中仅石板墓 M41 出土 1 枚道光通宝，未发现其他带有文字内容的随葬品。根据该枚钱币，推断这批墓葬的年代大致在清代中期以前。

墓葬中出土器物除少量木茎外均为金属物品，根据出土金属器物的位置、形状、特征可知其原为衣服、头巾上缀饰的饰片，其纹饰与现代贵州苗族银饰片和衣服上的纹饰近似，故这批墓葬可能为苗族墓葬。

纳雍河所在地原属大定府辖地，民

银抹额（M43：5）

银衣片（M6：9）

银衣片（M43：6）

银衣片（M43：7）

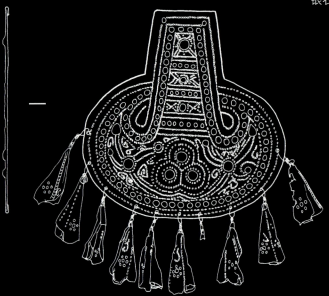

银抹额线图（M25：4）

银抹额（M20∶5）

银耳环（M49∶10、M49∶12）

银耳环（M44∶7、M44∶8）

银耳环（M21∶1、M21∶2）

银纽扣（M44∶9）

银插针（M49∶5）

国三十年（1941年）方始建县，根据《纳雍县志》记载清同治五年（1866年），祝万春、何玉堂苗民起义兵败后，大定府将3000多苗民安插于纳雍河、白泥屯（今百兴镇）、海座、阳长等地。目前纳雍当地有花苗、白苗、黑苗、箐苗等多种苗族，目前住在纳雍河流域的均为箐苗，但当地苗族祖坟不在本次发掘地点，故该墓群属于箐苗生活在该地之前的另一支苗族，其族属有可能是箐苗，也有可能是其他苗族，发掘人员于2011年年底将部分人骨送至北京大学考古文博学院科技考古与文物保护实验室进行碳十四年代测定，根据测年结果，这批墓葬的年代在1490～1810年，故大坟山也应为早于同治五年（1866年）居住于纳雍河的苗族祖茔之一。

苗族在贵州省少数民族中人口最多、分布最广，目前全省超过473万人。主要分布在黔东南苗族侗族自治州、黔南布依族苗族自治州、黔西南布依族苗族自治州和安顺市、贵阳市郊区、毕节地区、六盘水市和松桃苗族自治县。贵州目前涉及苗族的相关考古资料极其稀少，仅平坝棺材洞和开阳平寨岩洞葬等寥寥几处。其中平坝棺材洞清理5棺年代为宋明，出土有陶、瓷、木、竹器和随身衣物。开阳平寨岩洞葬的年代也为宋明，出土有钱币、骨器、陶器、海贝、料珠，也为实用器和饰物。纳雍河墓葬的年代为明清时期，晚于以上二者，随葬器物中未发现任何陶、瓷器，仅随葬随身衣物（其上有较多贵金属饰片）、饰品。

贵州省博物馆历年征集的民族文物以苗族银饰数量比较丰富，且大多为黔东南征集，其时代多为民国时期。贵州省博物馆在对该地区苗族银饰的调查也表明，该地区的银饰打造技术应该来自湖南，大致在清末民初时传入，故纳雍河出土的这批苗族银饰，应该是目前贵州发现最早的苗族银饰。它的发现，对研究明清时期苗族的社会生活、经济状况、手工业水平等具有重要意义。

（执笔 胡昌国）

沿河洪渡温塘明墓

项目名称：彭水水电站建设工程
建设单位：重庆大唐国际彭水水电开发有限公司

墓葬位于沿河县洪渡镇王坨村温塘，集中分布在森基堡的小山上，面积约4000平方米，2004年进行彭水水电站库区调查时发现，2008年3月始对其进行发掘，共发掘21座明墓，发掘面积约1200平方米。墓葬依森基堡呈环状密集分布，有纪年的墓葬共2座，时代最晚至明万历八年（1580年）。墓葬形制有单室、双室、三室、四室和五室几种，其中以双室墓居多，三室墓次之，五室墓仅1座。墓葬主要由墓室、墓门、墓碑和护墙组成，较有特点的是三室墓，可分为二型，主要区别在于其中一种有前室，共同特点是在墓门和护墙上都有

墓地局部

三室墓（M6）

三室墓、四室墓（M9、M10）

五室墓（M1）

M6"仙鹿戏花"雕刻　　　　　　　　M7顶层"双鱼戏莲"雕刻

M7"仙鹿衔枝"雕刻　　　　M6"仙鹿衔花"雕刻　　　　M4墓门雕刻

阳刻动植物图案。

　　墓上的图案主要雕刻于墓门、墓室横梁、护墙之上，有几何形、植物、动物等纹样。动物纹又可细分为仙鹿衔枝纹、仙鹿戏花纹、双鱼托莲纹和飞鸟纹；几何形纹主要是由四角星和圆形共同构成的组合图案，集中雕刻于墓门之上，皆是由四幅图案雕刻于一扇墓门上。

　　从墓葬的形制看，具有明显的明代石室墓风格，且M6的碑文上有万历八年（1580年）的记载，更可断定其为明墓。该墓群墓葬数量多，呈环形分布，具有一定规律性。就单个墓葬的规格来看，从其制作工艺以及墓上石刻的风格等来看皆具有较高的等级或经济基础。

（执笔　杨　洪）

贵定旧治明清墓群

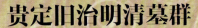

项目名称：黔桂铁路扩能改造工程（贵州段）
建设单位：成都铁路局黔桂铁路扩能改造建设指挥部

　　墓群坐落于贵定县旧治镇文江村千军堡。据初步调查，贵定境内从昌明到旧治的叶家铺—黄家山—东蒙冲—大冲—牛冲—小冲—背后山一线，因施工和农民迁坟导致各山头千疮百孔，一片狼藉，遭受破坏的古墓不计其数，其中以千军堡墓群规模最大，最为集中，因此我们重点对千军堡背后山和牛冲两地受迁坟破坏的墓葬进行了抢救性清理，共计清理墓葬94座，发掘面积达1100平方米，出土金、银、瓷等质地的文物20余件（迁墓所出的45件文物被黄氏占有）。发掘中，我们严格按照田野考古工作规程的相关要求，对每一座墓葬

墓地全景

进行了认真细致的清理，拍摄了发掘照片，绘制了每一座墓葬的平、剖面图以及整个墓地的总平面图，并采集了部分人骨标本，完整地提取了发表研究报告所需的基本资料。同时还对当地风俗和相关遗存进行了调查，以便较为全面地复原旧治明清时期的面貌。

几乎所有墓葬均受到迁坟的严重破坏，因此发掘实际是对遭受破坏的墓葬进行再清理。即便如此，发掘仍然取得了重要收获。

（1）墓葬结构

部分墓葬地表尚存高大封土，而多数墓葬的封土已经不甚明显。部分清墓墓前有碑。94座墓葬中，石室墓89座，土坑墓5座。石室墓墓室左右两壁用加工规整的大石竖砌而成，或用小的石块错缝砌筑，头脚两端则一律用整块石板为挡板。墓底或四周铺石板、中间为泥土，或用横墓室的3块石板垫底、中间为泥土，未见全部铺砌石板者，这可能与灵魂通天入地的丧葬观念有关。下葬时将棺木放入营造的石室内，再用大石板盖顶。5座土坑墓一律为单人葬，墓室结构简单，仅一例头端有二层台，台上放置青花瓷碗和瓷罐（M86）。89座石室墓中，部分墓葬有头龛或头端有二层台，部分左右两侧有壁龛，个别为叠涩顶且左右两墓室有过道相通。这类墓葬的年代可能较其他略早。夫妻合葬之风流行，左右两室并列的双室石室墓计有20座，占五分之一强。

（2）丧葬习俗

死者皆顺山势而葬，头枕坡顶，脚

发掘现场围观的群众

墓地施工破坏情况

向山底。无论石室墓还是土坑墓，皆有木棺痕迹发现，且木棺采用铁钉加固，这与今天许多地方包括旧治本地的墓内不能见铁的习俗皆有不同。棺内死者头端放置3～5块板瓦，作为枕头，棺内有石灰痕迹，部分墓葬有木炭痕迹。用板瓦枕头，用棉纸包石灰放置于死者身体两侧以防潮和防虫以及防止尸体在抬运过程中左右晃动，用木炭防潮等丧葬习俗至今在旧治本地仍流行。

用大石营造的墓穴，有民间（如遵义县一带）将之径称为"明坟"或"生基"，所谓"明坟"是就墓葬年代而言，而"生基"是指尚未葬人的墓穴，表明很多这类墓葬应系死者在生前即行营造。此次发掘的M94，系夫妇合葬的双室石室墓，叠涩顶，两室有过道相通。墓前中央方形石柱上，有"墓志 预券寿域庐公之生墓"铭文，"生墓"即应民间所谓"生基"，"预券生墓"是墓主生前即开始营造墓穴的丧葬习俗的表现。

发掘中未见墓底铺满石板的墓葬，而露出大面积的泥土面，这应与当时人灵魂上天入地、入土为安等丧葬观念有关。

（3）出土器物

该墓地内共计出土各类器物近70件，其中黄氏迁坟发现金、银、瓷等各种质地的器物共计45件，种类有瓷罐、青花瓷碗、银簪、银簪帽、银耳坠、银耳环、金耳坠等，现由其家族保管；考古发掘出土文物共计20余件，种类有青花瓷碗、瓷罐、银簪帽、银耳坠、银耳环、砖质买地券、纸冥币等，其中18件由旧治镇派出所暂时保管，买地券、纸冥币等则由考古队带回。此外尚有大量铁棺钉，亦由考古队带回。

上述器物中，铁棺钉用以固定木棺盖板，几乎每墓必出，数量颇巨。砖质买地券3块，均放置于死者头端棺外，朱砂题字，多已模糊不清。瓷器12件，其中罐8件、青花碗4件，从发掘的情况来看，瓷器放置于头端二层台上，出土时均将青花碗扣置于罐口。银器45件，计有簪（分通体为银和木柄簪帽2种）、耳坠、耳环等。金器2件，为耳坠。不明质地者1件，为耳环。总体而言，随葬器物除买地券和瓷器外，其余均为女子生前随身佩戴的首饰，所以男墓基本不出东西，随葬品主要出于女墓内。

（4）墓葬年代

首先从墓碑铭文看，2座土坑墓前立有墓碑，碑文显示系乾隆、道光年间墓葬。一座石室墓（M55）前清理出残碑1通，其上"□曆四十五年二月十六日 □显妣石氏□□"等字样尚可辨识。经查，应系万历四十五年（1617年）之缺损。另一座石室墓（M92）墓碑铭文漫漶，但"清"字尚可辨，为清墓。表明石室墓的年代上限最晚可到明万历年间，到清乾隆、道光时，墓葬结构已演变为以土坑墓为主了。

其次，参考在贵阳晒田坝、黔西甘棠、凯里炉山等地所发掘的有纪年的明墓材料，此次所发掘的石室墓在墓葬结构和出土器物各方面都与之相同或接近，为墓葬断代提供重要依据。

第三，从民间口述传承资料和相关记载看，前已叙及，类似结构的墓葬在贵州某些地方民间径称为明坟，并非没有依据，亦可作为断代的参照。联系旧治本地的情况，据将该墓地视作其祖坟的黄氏族人介绍，其祖先系明初自江西来居此。与黄氏同时来此居住的有"郑叶魏"诸姓，郑氏一世祖郑元武墓尚在，从重立碑所铭的"始祖元武特授武职指挥，自洪武开辟征平云贵，得居千军堡"来看，汉人大规模入住该地的时间应在明初。碑系光绪年间重立，文曰："祖籍湖广岳州府巴陵县猪市巷郑家湾，始祖元武特授武职指挥，自洪武开辟征平云贵，得居千军堡。"碑文显示，千军堡的称谓由来已久，与明代屯军制度有关，应系当时所遗。旧治以县城而存在

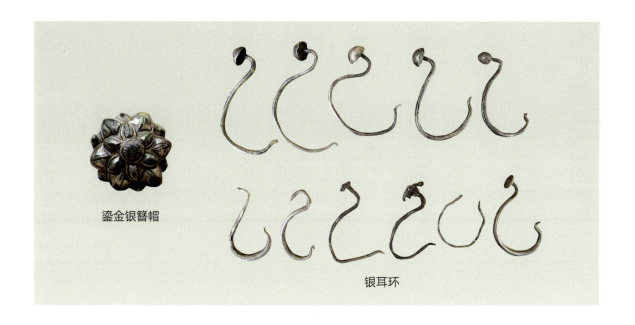

鎏金银簪帽

银耳环

的时间在明末清初，我们有理由认为这批墓葬的主体为明代墓葬。

综上所述，我们认为这批墓葬主要为贵定设县前后的明中期到清初的遗存。部分带有二层台、头龛和壁龛，以及两室相通（隔山葬）和叠涩顶等结构的墓葬，其年代可能早至明初。从发掘的宋墓材料看，贵州发现的宋墓多为用大石营造的石室墓，且墓内往往有各种繁缛的装饰，明墓承其风气，并加以简化，所以有头龛、壁龛等设施的墓葬，可能距宋不远，为明初遗存。部分石室墓的年代下限在清初，到清乾隆、道光时，已流行土坑墓，一直行用至今。

（5）关于墓主

千军堡背后山东侧墓葬有残碑尚存，系郑氏祖坟，据其始祖郑元武碑记载，郑氏系洪武年间自湖广岳州府巴陵县入黔的汉人。西侧墓群，黄氏坚持认为系其祖茔，因为他们长期在此挂青。目前的发掘没有直接证据表明这批墓葬俱为黄氏所有。但与郑氏祖坟和晒田坝等地明代汉人墓葬比较，它们不是少数民族墓可以确定。

文献记载，昌明、旧治一代旧为平伐司地，传为苗族所居。《黔南识略·贵定县》曰："别有苗在平伐者曰平伐苗，花衣短裙，妇人桶裙，绾髻，祭鬼杀牲，葬以木槽，性喜斗。又平伐有瑶人，自粤西迁来，男女衣青，勤耕种，采药行医，俗尚朴厚。又有蛮人，性犷戾，以丑戌为场期，散处山谷，勤耕作，服色多青蓝，葬不用棺，余与花苗同。"则这批墓葬显非当地少数民族墓，它们应是明初入住贵州的外来汉人或其后裔的墓葬。

民间也流传旧治早先是苗族的地盘，后来汉人来了，就插草为标，占山为王，将苗族赶到深山老林了。最先到达这里的汉人有"黄郑叶魏，刘吴石杨"八大姓。在长期的斗争过程中，刘吴石杨四姓结为兄弟，并发誓彼此间不得通婚，否则断子绝孙。这一传统一直延续至今。史志记载和民间传说大体吻合。

（执笔 李飞）

思南明清墓

项目名称：思林水电站建设工程
建设单位：贵州乌江水电开发有限责任公司

为配合乌江思林水电站建设，2005年在水淹区清理一批明清墓葬，地点涉及石阡、凤岗和思南三县八乡（镇）范围。

此次清理的墓葬，根据埋葬方式和墓葬的结构，可分为土坑墓和石室墓两种类型。土坑墓系采用长方形竖穴土坑作墓室，内置木质棺木葬具，上面以泥土掩埋成封土堆或用石料围砌成圆形、长方形，此类墓大部分立有墓碑。石室墓是用较大型的石料经过加工后构筑成长方形墓室，里面刚好可以容纳棺木葬具，墓室有单室、双室、多室之分，发掘中最多的见有四室并列，此类墓未见到任何墓碑。由于早期盗扰破坏，遗骸

发掘现场

四室石室墓（M4）

石围石室墓（M1）

石围竖穴土坑墓（M3）

竖穴土坑墓（M11）

及葬具很少有完整的，随葬遗物也基本不见。此次共清理发掘了明、清时期各类型墓葬23座，墓葬形制有竖穴土坑墓、石室墓、石围竖穴土坑墓、石围石室墓四种；墓室结构有长方形土坑、单室石室、双室石室以及四室石室四种。

思林电站库区淹没范围内的这批古代墓葬，根据其墓葬形制结构和有关的碑文记载，可以判断其时代横跨明、清两个朝代，其中较早的石室墓，在贵州境内的贵定、平坝、遵义等地曾有过大量发现，其年代均在明代的范畴；石围竖穴土坑墓和竖穴土坑墓，因有"嘉庆十四"（M3）、"乾隆□□"（M5）、"嘉庆□□"（M9）、"道光三年"（M11）等文字纪年，不难看出是贯穿清代早、中、晚整个时期的代表墓型，唯"康熙五十四年"的M1，在清墓中年代最早，因此还保留了明墓石室的特征，属于两个时期之间的过渡类型。这批墓葬的清理，对研究这一段时期的墓葬形制演变和探讨贵州的地方明、清史都具有一定的意义。

（执笔 董 欣 宋先世）

贵安新区马场镇洞屯及营盘遗址

项目名称：贵安新区建设工程

建设单位：贵安新区管委会

为配合贵安新区建设，2013年7～9月对马场镇所辖范围内的地面、地下文化遗存分布及埋藏情况进行了系统全面的野外调查勘探工作，除了早期洞穴遗址等遗存外，洞屯和营盘是发现较多、保存较好的一项内容。共计有洞屯遗址9处（含有早期文化堆积的4处）、营盘遗址4处。

坡脚寨遗址位于枫林村坡脚寨，为早期文化遗址与晚期洞屯遗址的结合体。在洞口及洞内，分别有前后左右4道石构防御性墙体，每堵墙上均开有供出入的门道。外墙上开有4个射击孔，门道外高内低，分6级石阶下行进入洞内。

小狗场马洞遗址位于大狗场村小狗场组后山腰，当地人称为马洞。洞内砌有2道石墙，靠洞口一道，中部一道。洞内表层均为晚期人类活动形成的堆积。

白虎关洞穴遗址位于大狗场村西北向的一座孤山上，距大马场寨子约500米。洞口砌有石墙一道，石墙上有一门洞，墙体保存完好。

下坝洞遗址位于鱼雅村人人山南侧半山腰上。洞口垒砌有墙，墙下留有拱形门道，门上有5个对称的射击孔，墙

后为平台，由石头垒砌而成，平台西侧有9级石阶。

高碉坡洞屯遗址位于林卡村烂坝寨西北约100米处，始建于清末，保存较好。西南—东北向，占地面积约400余平方米。洞口最宽处4.3、高6米，深逾100米，有出口通向山顶。洞口有1道叠涩垒砌的石墙，墙宽4.3、高6、厚1.8米。石墙上方3.6米处有2个方形观察瞭望孔。台下有宽0.95、高1.5米的门洞1道。

大花洞洞屯遗址位于鱼雅村西北约500米处的人人山下，始建于清代。西北—东南向，占地面积200余平方米。洞口宽10、高6米，深逾20米。洞口用石墙封堵，墙体上部设有观察和射击孔，下部中间有门洞1道，门宽1.1、高1.8、厚1.15米。门墙外层为土砖，内层为石块。墙宽10、高6、厚1.25米。有石砌平台，面积约16平方米。沿洞左上9级石阶可到平台观察、射击。

十甲保洞洞屯遗址位于珠朝堡，东南距珠朝堡约1000米，海拔1297米。洞口朝向东北，与地面有长斜坡相连，洞口略低于地面10米，洞宽7、进深约20、高约6米。洞口石墙上部残毁，石

躲匪洞洞屯遗址　　　　　　　躲匪洞洞屯遗址

坡脚寨遗址　　　　　　　坡脚寨遗址

墙用岩石垒砌而成，左下方有双心券顶门洞 1 道，门宽约 1.4、高约 1.6 米。洞口两侧石壁下修有暗道直达缓坡半腰，暗道均用石块依附岩壁垒砌形成，暗道较为隐蔽。调查时在地表曾发现有多件铁器。遗址年代为清代。

躲匪洞洞屯遗址位于松林村鸡窝寨背后坡上，海拔 1272 米。洞口方向 164°，下临进寨村道，山体较为陡峭，洞口距山顶约 20 余米，距山脚垂直高度 35 米。洞口处于一片峭壁下，无路可上，须攀爬才能入内。洞宽逾 10、高 6、深逾 20 余米，洞内向下倾斜，地面堆积多已钙化，无包含物，洞顶较平。洞口正面和东面构筑有防御性石墙、券门、射击孔。正面墙体与券门平齐，东面石墙系券门，东壁向外延伸至洞外斜坡处。墙体西、南两面开有上下两层 6 个射击孔。

沙坝营盘遗址

　　歪嘴洞洞屯遗址位于林卡村烂坝寨西北高碉坡东面坡脚，东距林卡村 1500 米，北距佳林村 1100 米，海拔 1261 米。洞口朝向正东，洞外悬崖高约 20 余米，崖下以较厚的石墙封堵洞口，外墙宽 8、内墙宽 6、墙高 4.8 米。居中开有券顶门洞，门宽 0.85、进深 4、高 1.65 米，双拱起券，矢高 0.5、进深 1.25 米，门两侧约 1 米高处有 0.28 米长的门栓洞。时代为清代。

　　平阳营盘遗址位于平阳村 10 组屯坡上，海拔 1312 米。山体垂直高度为 62 米。

山势东、南、西三面较为陡峭，平均坡度在 45°～55°。仅北面稍缓，上山小道即由北坡拾级而上。在接近山顶的西北角用石料砌筑有内、外两道防御性石墙，墙体高度根据地形地势而异，内墙最高处可达 4 米，外墙最高处为 4.8 米。沿墙身环山均留有观察和防御用的方形或长方形射击孔，孔距约 2 米左右。进入营盘的路口山门外用石头构筑有一间守卫用的小屋，面积约 5 平方米。围绕山顶一圈构筑的石围现在仍大部分保留，

平阳营盘遗址

基础部分至今完整，仅有部分墙体上部残缺，局部呈 V 字形，系从间隔的射击孔处垮塌所致。石围墙在环山不易攀登的地段仅构筑一道防御，而在坡度较缓的西部则构筑内、外两道石墙进行防御。营盘内原木构建筑已毁，仅存局部基础。整个营盘面积约为 8000 平方米。时代为清代。

沙坝营盘遗址位于沙坝村北面约 200 米山上，当地人称为"屯坡"，坡顶海拔 1235 米。营盘东西长约 100、南

北宽约 60 米，整体呈椭圆形，内部较平坦，地面多为基岩，局部见有石构建筑遗迹。总面积约 6000 平方米。从整体观察，沿山顶一圈环形构筑石围墙一道，东南与西南面各有石门一道。东南门方向 125°，券顶门洞，门宽 1.24、进深 0.8、壁高 1.7、矢高 0.6、通高 2.3 米。内门与护门墙相衔接，墙体长 2.4、残高 0.45～0.9 米。门北侧石墙厚 0.7、内高 2、外高 4.8 米。墙上分布的射击孔间距约 1.8 米。西南门方向 220°，门宽 1.3、残高 1.54

米，门道长0.8米。外接护墙通长2.2米。门侧石围墙内高1.82、外高5.2米，墙体顶端局部保存完好。时代为清代。

营盘山营盘位于凯掌村与刘家庄之间，海拔1350米。山顶较为平坦，近圆形，长约60、宽约50米，面积约3000平方米。沿山顶四周环砌一圈石围墙，墙体厚约2、残高约1.5米。围墙的东南面有一道石门，方向135°，门宽1.3、进深2、残高1.12米。门外6米处筑有一外墙，外墙靠右一侧沿内门右转下行开有一门，从该处拾级而下可达山下。营盘内残存石构建筑遗迹，靠西部有新堆砌的石围封土新坟16座。时代为清代。

唐大坡营盘位于川心村，海拔1400米。遗址西面和北面山势平缓，东面和南面山势陡峭，城墙依山势砌筑，平面呈椭圆形，保存相对完整，宽约1.7、高2.5～3米，局部宽度不足1米，周长约215米，面积约3000平方米。在北部和东南部各有一道门，其中北门宽1.5、东南门宽1米。时代为清代。

洞屯与营盘是在清代社会动荡、军事活动频繁的情况下，当地民众与武装力量依据山洞、山顶等易守难攻的地形地貌，就地取材采用石料构筑的内、外两种军事防御性设施，用以保护自己免遭敌人侵扰伤害。其中的躲匪洞、歪嘴洞等洞屯作为清代当地使用的一种防御性设施，其地势险要、整体石构建筑保存较好，是研究黔中地区清代社会状况与军事行为不可多得的实物遗存，具有一定的价值。营盘山营盘整体架构尚存，四周石围墙可见，屯门保留，保存了原有军事防御性设施的全貌。沙坝营盘为贵州目前发现的同类遗存中面积较大、保存较好、设施较为完整者，门洞、部分完整的墙体为其他营盘中所未见，对后期的保护利用也极为重要。坡脚寨、小狗场马洞、白虎关、下坝洞等遗存为早期文化遗址与晚期洞屯遗址的结合体，早期地层堆积明确，有包含物，晚期防御性石结构建筑保存较好，是贵州较有地方特色的一种文化遗存。

（执笔 宋先世）

凯里炉山清墓

项目名称：凯里市炉山工业园区建设工程
建设单位：凯里市炉山工业园区

炉山一号墓位于凯里市炉山工业园区内，2010年11月下旬施工时发现。墓葬的棺椁之外裹以"三合土"，其内木质葬具保存完好。凯里市文物管理所闻讯后赶赴现场，对棺椁进行了妥善处理并运至黔东南州博物馆临时保存。12月初，在制定完备的方案后，在该馆内对棺椁进行清理。

墓内置一棺一椁。外椁用近20块木枋以铁钉固定而成，整体呈长方体，头端略大。椁长2.46、宽0.81～0.92、高0.96～1.02米。内棺保存完整，做工考究，头脚两端施红漆，余处施黑漆。棺长2.27、宽0.56～0.64、高0.74～0.81米，头大脚小，头端有画，但已不清。

棺上铺铭旌1幅，以绛帛为之，长

清理现场

陀罗尼经被之局部

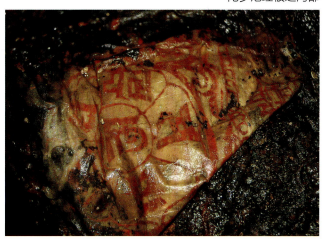

盛牙锦囊

小冠与帩巾

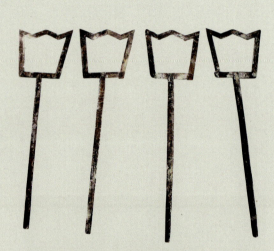

笄

随身库

冥币与口琀

约 2.5、宽约 0.3 米，其上墨书"故太宜人娄氏之灵柩"。棺椁之间左右两侧空隙处，各置带长柄的扇形木质构件 2 件，应为出殡时的仪仗具——"翣"。

棺内半槽黑色尸水浑浊不清。浸泡在尸水中的纺织品等污浊不堪，面目难辨。经反复注水置换，棺内遗物方渐渐清晰。

死者置于七星板上。七星板长约 2.1、宽 0.45、厚 0.05 米，系一块镂有七孔的活动木板，下垫枕木 3 根，与棺底相隔。七孔之间有细线相连，组成北斗七星图案。

死者仅存骨骸，肢骨在尸水中有漂移的现象，部分落入七星板下。纺织品所存不多，胸口附近残存带红色纹案的布 1 方，惜糟朽太甚，未能完整提取，从纹饰判断，应为陀罗尼经被之局部。死者右胯置一暗红色小锦囊，内盛人牙约 20 枚，有犬齿、臼齿等，部分碎裂。右侧腰下压方形布囊 1 件，内盛灰烬，另有剪作银锭形和铜钱状的纸片若干，应系所谓"随身库"。头顶皮质小冠 1 件，已滑落一旁，中贯以长木簪，内存华发 1 缕、白布 1 方，应系覆于死者面部的"幎巾"。左肩附近以一方巾裹漆碗 2 件，碗口相扣，其中 1 件已朽散，为竹胎漆器，另 1 件保存完整。方巾保存尚好，上饰团花和卍字形图案。死者左腕置念珠 1 串，极轻，为木珠，凡 24 枚，另有 1 枚红色珠子，可能为玛瑙。右手附近置手指粗细的桃枝 1 根，下葬时或握于手中。

尸下撒有金属质冥币（部分发现于七星板下），凡 74 枚。其中 73 枚圆形方孔，大小相若，部分色灰白泛黑，可能为银质；金黄色者 1 枚，发现于七星板下，应为金币，上铭一"佛"字，可能为口琀。另在七星板下发现银质饰片 1 件，可能为衣物上装饰。

棺上铭旌称死者为"故太宜人娄氏"，经查，明、清时封赠五品官之母或祖母为"太宜人"。根据中山大学李法军教授对出土人骨照片的观察，初步确定墓主系一位 65 岁上下的老年女性，其属壮侗语族的可能性较小。

今炉山昔为炉山县所在地。考其源流，明洪武初置清平堡，三十年（1397 年）改为清平卫。弘治七年（1494 年）置清平县，隶都匀府。清康熙七年（1668 年）并入麻哈州，十一年（1672 年）复置清平县。民国初改清平县为炉山县。1958 年并入凯里县。

由于开发较早，炉山历史上曾人才辈出。被誉为"贵州开省以来人物冠"的明工部尚书孙应鳌即为炉山人，其墓今尚在炉山。孙氏于明清时期曾显赫一时，据孙氏族谱记载，其家在历史上曾有多位夫人被封赠"宜人"。当地刘氏等家族明清时亦曾有封"宜人"者。惜均未发现娄姓者。以上背景表明"太宜人"墓出在炉山并非偶然。

（执笔　李　飞）

石阡葛闪渡遗址

项目名称：思林水电站建设工程
建设单位：贵州乌江水电开发有限责任公司

葛闪渡是乌江干流上旧有的一个重要码头和物资集散地，具有悠久的历史。2008年3～4月，为了配合思林水电站的建设，对440米水位线下的地面、地下文物项目进行了全面的发掘清理。地处石阡与凤岗两县交界的葛闪渡遗址，即是其中一处既包含地面文物又包含地下文物的古代文化遗存。

葛闪渡，过去民间也称河闪渡、仡闪渡、葛商渡，根据清理中发现的一座清代古墓碑文所记载，可以确定当时就已经使用葛闪渡作为该地正式的称谓。乌江在这一段由南往北流，江东为石阡县本庄镇庄乐村河渡组，西岸为凤岗县天桥乡河闪渡村院子组。在江岸两旁，皆有石阶连接渡口码头与岸上建筑，处于水位线以下的建筑物除了少量当代民间居址，大部分是废弃了的古代建筑遗存。

（1）河渡组遗存

淹没前尚保留的遗址面积约14 000平方米，沿江岸二级台地呈长条形分布，南北长225米，东西宽窄不等，南部宽50、北部宽75米。遗址内有较为完好的房屋基址、石墙、石阶、护坡、暗道。

皆采用石料构筑。屋基共31处，平面多为长方形，少数略呈方形，保存完好程度不等，有的可见原地面整体建筑情况，有的则只剩局部建筑遗迹。

为了更深入地认识和了解葛闪渡遗址的内部结构，我们选择了保存较为完整并具有一定代表意义的一号建筑（F1）予以介绍。

F1位于葛闪渡遗址南部，原在河渡组李庆林家责任地内，北部与苦丁茶树林相邻，东部距通往本庄的公路130米，南部与明清时期商号建筑遗存接壤，西部面向乌江。发掘前该建筑由于毁损，遗弃时间较长，树木杂草丛生，屋内外废弃层中和表土上瓦砾、木屑、石块、瓷片等夹杂，经过全面清理，将该建筑的基址揭露出来，其地面及地下结构始为人知。

F1包括主体建筑、围墙、院落、台阶、暗道等，总占地面积为700平方米。主体建筑平面呈长方形，南北长15、东西宽7米，坐东朝西，面阔三间，总建筑面积105平方米，室内部分长14、宽6米，面积84平方米。从残存的基址来看，该建筑物的构筑方法是先修好排水系统，

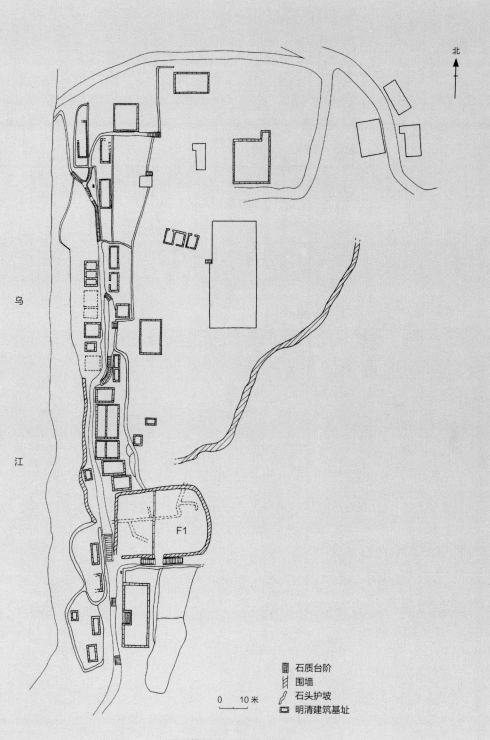

北

乌

江

石质台阶
围墙
石头护坡
明清建筑基址

0　10米

石阡葛闪渡遗址总平面图

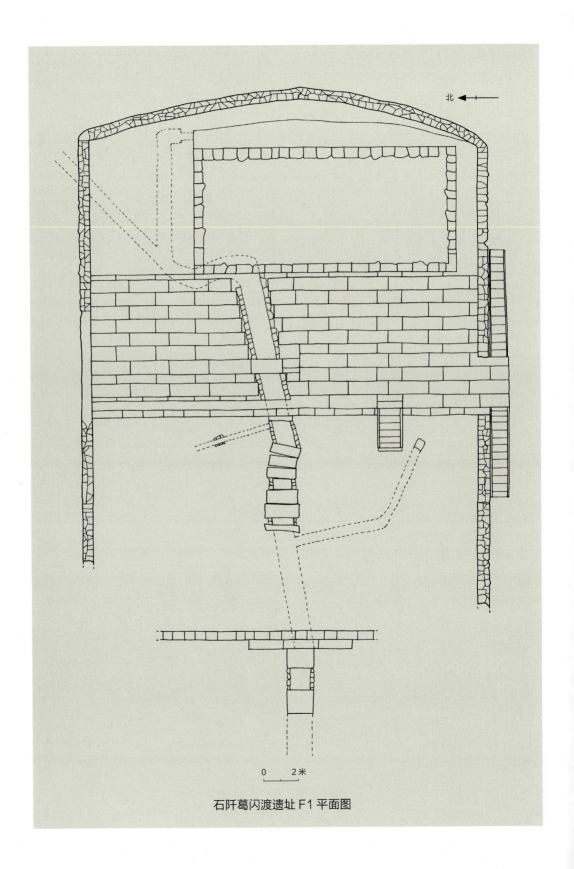

北 ←

0   2米

石阡葛闪渡遗址 F1 平面图

后挖平东、南、北三面山坡，平整出场地，然后再挖基槽，以石料为基础将基槽垫平至略高出地表，最后在其上砌筑墙体。基槽的走向与墙体大致相同，为直壁，平底，个别地方上口略大于底部，宽0.5米，略宽于墙体，深度不一，在0.3～0.6米，所用基石大小不等，皆为片石。

房屋的内部结构因上部毁坏，故看不见隔墙痕迹，但在室内发现了一个高0.45米、底平、外观为六边形、中部呈鼓形的石墩，其上面中间有一直径为0.25米的圆形柱洞，分析应是承载立柱的柱础，据此推断F1当是建立在石质基础上的木构建筑。

因地面建筑部分毁坏不存，现只见墙基不见门道，但是从整个房屋的朝向和台阶的升降位置、墙体与室外围墙的距离等观察分析，只有西面较为开阔、朝向乌江、与对岸相望，便利人员物资的出入，无疑是大门选择的方向。

屋顶虽然已无存，不能直接观察，但从现场采集的瓦片来看，原建筑使用的当是小青瓦覆盖的瓦面屋顶，结合木构框架痕迹，可以确定系瓦面梁架结构。

F1的外围除临江的西面外，东、南、北三面皆有外墙围护，围墙全长77、宽0.6～0.8、残高3.2～6.8米，为石质墙体，砌筑用的石料大小不一，经过简单的加工，每一层的厚薄似无明显规律，石料之间用三合土（石灰、沙、黏性土）作黏合剂。在北面墙体上还残存有一段6米长的三合土围墙，残宽0.6、最高处1米。在围墙南部中间略为偏东位置开

有一院墙门，门宽2.8米。

F1最突出的特点是它的地下结构部分，因为是用较大的石料构筑，所以保存相对完好。从高差来划分，该建筑明显分为东、西二级台面，东面高出1.5米，为建筑主体位置，西部无地面建筑痕迹，当为庭院所在，上下之间有石阶相连。主体建筑前面的空地，也以此台阶为分隔线区别出前庭后院的布局：即两块形成落差的长方形地面，南北长皆为22.5米，前庭东西宽12、后院东西宽7.5米。地面上全部用厚0.1米的青石板水平铺砌。在院落中部有一暗道由西向东穿越整个地下，西面出口直达乌江，可秘密进出人员及物资。以此暗道为主干，在前院的南、北两边各有一条暗沟与之相连，在主体建筑物北面与院墙东北角位置，还有两条分支暗道与主暗道相通，其中东北向的一条穿过围墙向外延伸，可通往屋后山上。从几条暗道的大小和规模来看，主暗道西低东高，长35、内宽1～1.2、内空高2.7米；东北部的分支暗道总长20、内宽0.8～0.9、内空高1.7米。人员在暗道里面可以来往行走，当是作逃生和秘密进出使用。在主暗道与分支暗道相连的位置，即F1西北角的下面，暗道的宽度为0.9～1.2米，从这里进入暗道，东北方向可上山、西面则可下河入乌江，进退自如。至于庭院两旁与主暗道相通的两条暗沟，因为其内空在0.5米×0.5米以下，人员无法在内行走，所以它的功能只是用作排水沟使用，而不像主暗道和分支暗道即可排水

又可用于人员物资的出入。

此外，在葛闪渡还保留有一通碑铭为《老道严修路碑记》的清代碑刻，上面记叙了当时集资修路的情况及捐资人员的名单，时间落款为"皇清乾隆五年岁次戊午蒲月下浣"（1740 年农历 5 月下旬）。在河渡组下到乌江河边的路旁，还见有一座"大清道光二十九年正月上浣吉旦立"（1850 年农历正月初一）的古墓，墓主为"清待赠故胞叔王公讳文汉老大人"，碑文记载王文汉是"石阡府江为迎仙里属地名葛闪渡生长人氏"，系土生土长的本地人，这是关于葛闪渡称谓的一个实物印证。

（2）院子组遗存

院子组属凤岗县管辖，与河渡组隔河相望，与河渡组不同的是，院子组的整体建筑布局不是沿乌江岸边南北向条形分布，而是由岸边向山上逐渐抬高呈东西向梯级分布，这主要是由于两岸地形地貌情况不同而导致不同的建筑格局。院子组遗存的总面积为 11 375 平方米，其东西向最宽处为 135、南北向最宽处为 85 米，总体平面形状略呈 L 形。由江岸的之字形石阶拾级而上，进入寨子后就一直向西抬升，在寨内形成一条石阶与平面相错的主要通道，在通道两旁比较规律地建设一排排房屋，通道用较大的石料铺设，下面预留有排水沟，作为全寨使用的公共设施。

与东岸相比，西岸的建筑绝大多数为长方形甚至长条形，仅有个别的呈方形。其代表性建筑（F2）位于寨子的东北角，是一座高台式建筑，因为地形西高东低的缘故，所以在 F2 的东部采用石料砌筑台基，以使之东西地面平齐，在其上再进行房屋的构造。其主体建筑平面为长方形，坐西朝东，面阔四间，南北长 20.5、东西宽 7.2 米，建筑面积为 147.6 平方米，室内面积约 132 平方米。墙体下面铺有厚 0.1～0.15 米的青石板，屋内有隔墙痕迹，南北部的外墙保留完好，其他情况不明。因建筑物的上部全部坍塌，所以上面部分结构不详。墙体还能见的只有一层，用石料砌筑，残高 0.4 米，石块加工规整，内外两面平齐。

在主体建筑物的前面，有 10 级台阶用于上下，每级高 0.2 米，台阶的位置正对着正房的中间，距台阶两边各 1.5 米处有一块条石伸出墙体外。在发掘清理过程中，现场发现有较多青瓦碎片、腐朽的树木、木板，且木料上有经过加工的痕迹，所以推测该建筑物的顶部应为青瓦盖顶、木质梁架结构。

室内地面采用两种规格的石板铺地，一种长 3.2、宽 0.9 米，一种长 1.7、宽 0.75 米，错缝平铺，排列有序。在 10 级台阶的两旁，南边有 1 块、北边有 2 块长方形基址，四周用石料铺地，石材长度不一，宽度均为 0.6 米。

在 F2 的东北部，则是进出的大门和门厅，门厅东西宽 9、南北进深为 10 米，分二进结构，北面大门外即寨内的主干道，东下乌江，西往山上。

围墙除东面临江，下为石壁外，其

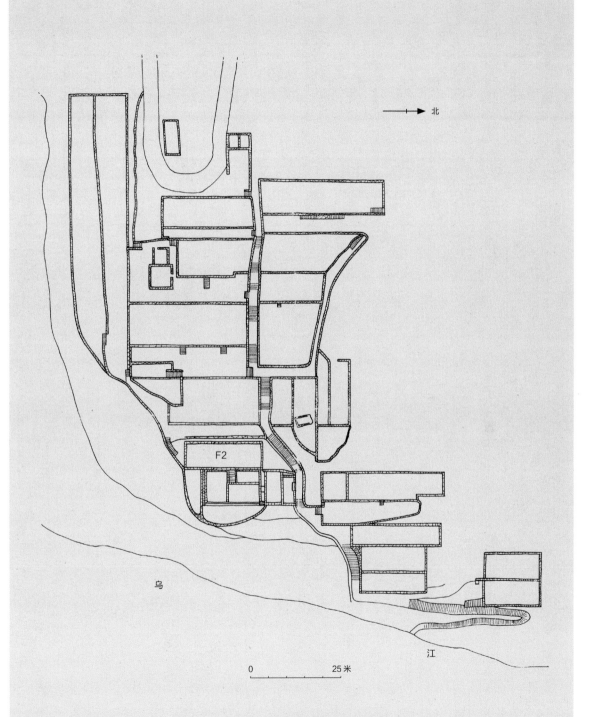

北

F2

乌

江

0   25 米

凤岗河闪渡遗址总平面图

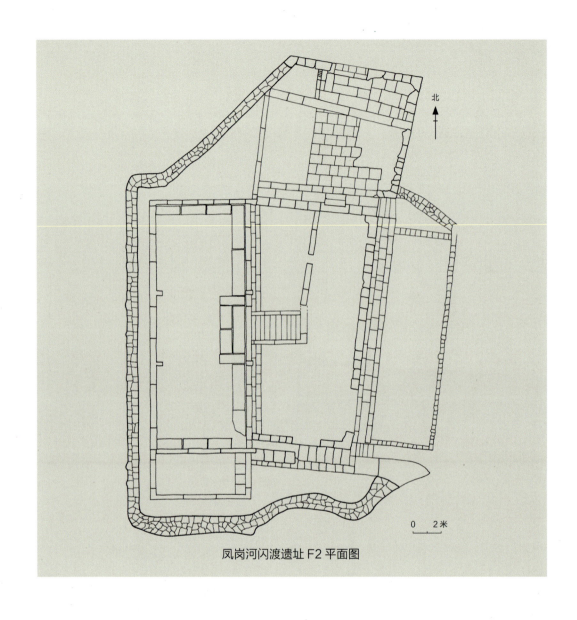

凤岗河闪渡遗址 F2 平面图

0   2米

余三面皆有石砌墙体，长度不一，最高处 4 米，难以逾越。

除房屋建筑遗迹外，河闪渡还保留有清代碑刻 4 通，分别是《陈公义渡》碑、《吴公义渡》碑（共 2 块）、水佛寺修庙宇的《善缘普渡》碑，年代分别为康熙、雍正和光绪年间。由于水位抬升，为避免被淹没，已迁移至地势较高处妥善安置。

根据相关史志记载，石阡在秦象郡北端即今乌江南岸置夜郎县时就已经纳入其管辖范围之内，因此石阡当为夜郎故地。而乌江作为古代贵州境内主要的水上通道，对各个历史时期沿江流域的政治、经济、文化的发展无疑是起了极大的促进作用。

（执笔 宋先世）

遵义龙坑清墓

项目名称：遵义县龙坑镇原行政中心规划用地建设工程

建设单位：遵义县人民政府

2011 年 10 月 19 日，在遵义县龙坑镇原行政中心规划用地施工过程中发现清代墓葬 1 座，随即对其进行了清理。

该墓为长方形砖室券顶墓，封土全无。墓向 350°。墓圹口大底小，口长 3.04、宽 1.86 米，底长 2.96、头宽 1.5、尾宽 1.37 米，深 1.42 米；墓室长 2.41、头宽 1.05、尾宽 0.93、高 1.24 米。墓室系用统一规格的青砖错缝砌筑而成，砖规格为长 28、宽 17、厚 7 厘米，部分砖块的一侧模印有"清故任母张恭人祀"字样；骨架基本保存完好，女性，仰身直肢葬。棺底垫有一层石灰用于防潮。因该墓系在施工过程中发现，对其进行清理时，墓的封土和券顶部分已被悉数破坏。出土遗物如下：

开棺现状

墓葬清理工作照

棺木1具，分别由1块底板、2块棺墙、1块棺盖和2块挡板构成。棺通长2.22、头宽0.89、尾宽0.76、头高0.93、尾高0.79米。清理时棺木的底板腐朽严重。木质为杉木。

金凤冠1顶，布胎，镂空，正面饰9只凤鸟头，并用蓝宝石和红宝石镶嵌装饰其上。凤冠保存基本完好，部分宝石和凤头脱落，局部有变形现象。出土时凤冠戴于墓主人头上，为便于后期修复，清理时与头骨整体提取。

莲花底座1件，木胎，莲花瓣用薄金片制成。莲盆呈铜绿色，内饰莲子34颗。出土时，垫于死者双脚下。

佛珠1串，珠子系用檀木制成，因大部分木珠已炭化，具体颗数不清，现存一百余颗。珠子用麻绳穿系，其间饰有玉片和翡翠。佛珠挂于死者胸前。

耳环1对，玉质，耳钉部分为铜质。

发簪1件，玉质。

衣服约有7层，质地有绵和丝。衣服腐朽严重，局部花纹可见，衣扣有绵扣、金扣和玉扣三种。

料珠1串，质地不清，珠子的直径不足0.3厘米，百余颗，细线穿系，挂于死者颈部。

青瓷罐2件，出土于墓室外壁，出土时两罐口对扣，清理时里面装满焚烧过的纸灰。

清理该墓时未发现碑刻等文字材料。因该墓的封土在20世纪60年代平地时被推平，地面遗物不知。但从墓砖上的文字"清故任母张恭人祀"可知，墓主人的身份地位较高，应为一四品官员之妻。从目前的考古材料来看，在清代墓葬中，出土器物之丰富、级别之高在贵州地区尚属首次发现。

（执笔 吴小华）

墓葬清理完毕

棺底照

莲花底座出土现状

莲花底座

金冠出土现状

金冠

佛珠

室内剥离衣物

结 语

　　十年来，在省文化厅、省文物局的大力领导和支持下，贵州省文物考古研究所克服了人少任务多的困难，全所同志兢兢业业、勤奋工作，一年四季不辞辛劳奔波于荒野丛林，一步步夯实了贵州考古的基础。

　　2003～2013这十年，是贵州基本建设全面开花的十年，也是贵州考古硕果累累的十年。在这十年里，贵州考古的绝大部分工作都是围绕着基建考古展开的。本书所选的内容，只是这十年来我们配合基建工程开展的考古工作的部分展现。

　　基建考古是文化遗产保护的一种重要手段。在这十年里，我们为配合基建项目建设，新发现古遗址、古墓葬、古窑址、古碑刻、古建筑等各类历史文化遗产数千处，并对其采取切实有效的保护措施。其中考古调查、勘探、发掘是我们对这些弥足珍贵的历史文化遗产所采取的保护措施中最为直接、也是最为重要的手段。通过考古工作，不仅使这些历经千百年来的历史文化遗产免于建设性破坏，更让其发挥遗产价值，为今天的文化建设服务，实现了发展与保护的双赢。

　　基建考古是国民经济发展的历史见证。自新中国成立伊始，许多重量级的考古发现，都是为配合基本建设工程取得的。同时，在工程上马动工之前先行开展考古工作，还上升到了法律上的规范和确认。今天，无论省内省外，可以说哪里有重要工程建设，哪里就有考古人的身影。进入21世纪这十年来，是贵州经济发展最快的十年，也是贵州考古硕果累累的十年。

　　回首过去十年，贵州在基建考古方面硕果累累。展望未来十年，我们仍将尽心尽责，为下一个丰收十年而不断努力！

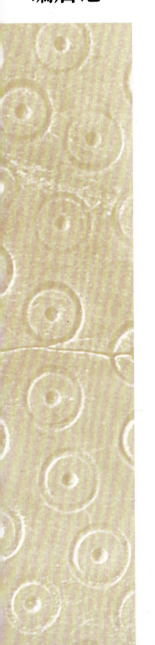

编后记

2013年岁末，在贵州省文物考古研究所2013年工作总结暨2014年工作计划会上，周必素所长提议编撰一本有关近十年来贵州基建考古方面的书，以展示这十年来我们依托和配合基本建设工程所开展的考古调查、勘探和发掘工作所取得的丰硕成果。该提议一提出，就得到了全所上下的积极响应，并引发了一系列对基建考古的讨论与思考。

十年来，我们为配合基本建设所开展的考古工作项目近400项，发现各类历史文化遗存数以千计，发掘出土各类文化遗物数万件，但限于本书篇幅未能一一展示，于是经过一次次筛选，我们选取了其中较有代表性的部分汇编成此书。书中的内容，部分以简报或是报告的形式业已发表于各类期刊、报纸或是专著上，部分内容还是第一次公之于世。

本书的编辑工作由周必素所长主持，先后多次召开编辑会议，并亲自撰写了其中的部分篇目。吴小华通串全书，完成了全书的体例、编排、部分篇目文字的修改和通校工作。周必素所长完成了"前言：贵州基本建设考古的回顾与展望"这一部分，这一部分的完成，得到曹波、李飞、宋先世、重欣四位同志的大办协助。周必素、李飞、张合荣、宋先世、王新金、刘恩元、王燕子、翁泽坤、董欣、胡昌国、吴小华、张兴龙、杨洪、张改课、彭万、杨磊、韦松恒、陈卿等分别或是协作完成了书中所列篇目的撰稿工作。本书的编辑并付梓是集体劳动的成果。

感谢贵州省文化厅副厅长、省文物局局长王红光为本书作序。感谢科学出版社柴丽丽编辑的辛勤工作。

感谢多年来一直关心、理解并支持我们工作的基建项目业主方。

本书的编校虽已竭尽全力，但难免有错讹之处，还望读者不吝赐教。

最后，再次对参与编辑此书的单位和个人表示由衷的感谢！

编 者

2015年10月27日